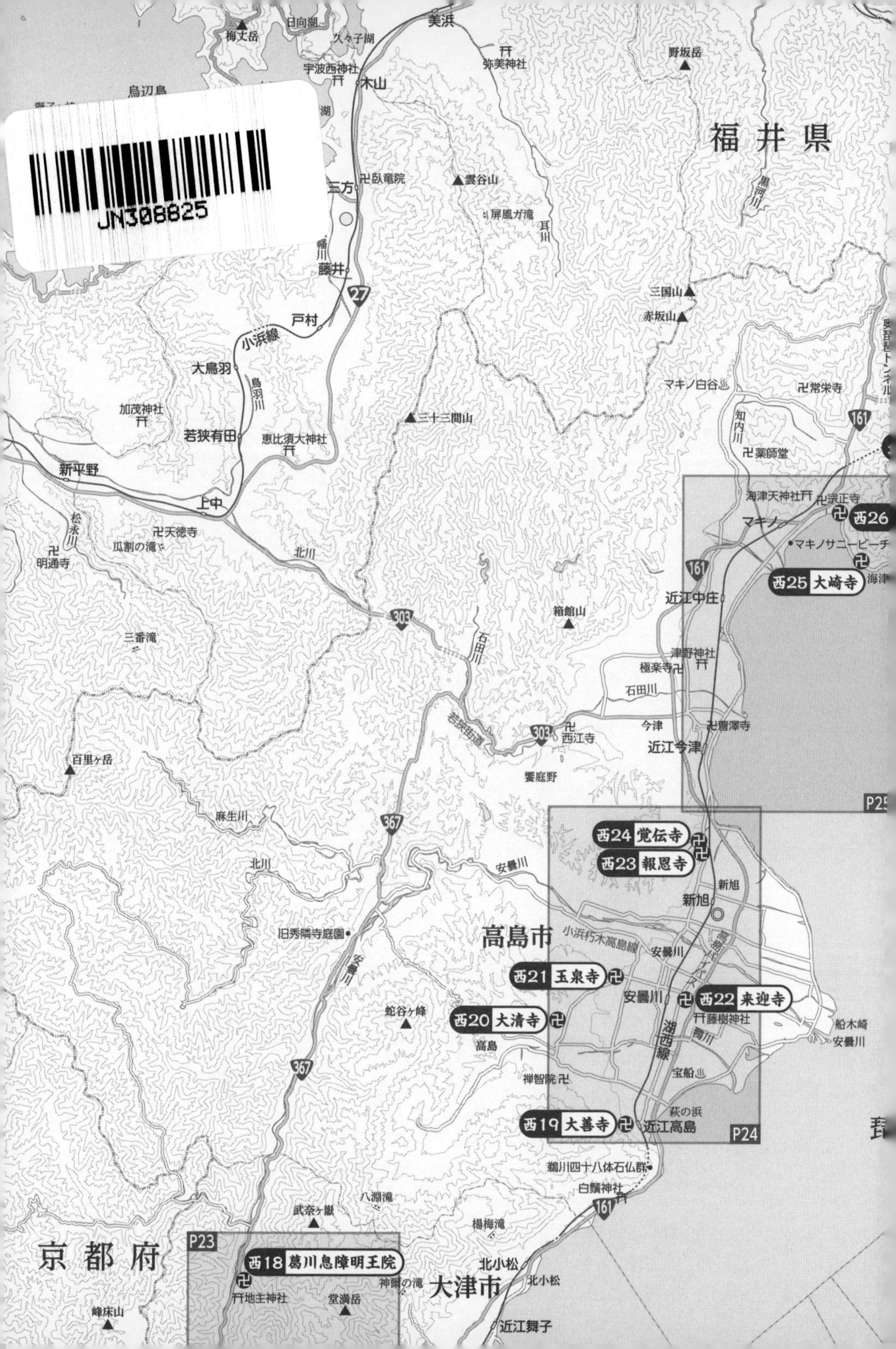
福井県
京都府
高島市
大津市
梅丈岳
日向湖
久々子湖
美浜
弥美神社
宇波西神社
木山
野坂岳
烏辺島
三方
卍臥竜院
雲谷山
屏風ガ滝
耳川
黒河川
鰣川
藤井
27
戸村
小浜線
大鳥羽
鳥羽川
加茂神社
若狭有田
恵比須大神社
三十三間山
三国山
赤坂山
マキノ白谷
卍常栄寺
知内川
161
卍薬師堂
新平野
上中
松永川
卍天徳寺
瓜割の滝
明通寺
北川
303
海津天神社
卍宗正寺
マキノ
西26
マキノサニービーチ
西25 大崎寺
海津
161
近江中庄
箱館山
石田川
三番滝
津野神社
極楽寺
石田川
若狭街道
303
卍西江寺
今津
卍曹澤寺
近江今津
饗庭野
百里ヶ岳
麻生川
P25
367
西24 覚伝寺
西23 報恩寺
安曇川
北川
新旭
新旭
旧秀隣寺庭園
高島市
小浜朽木高島線
安曇川
高島バイパス
西21 玉泉寺
安曇川
西22 来迎寺
安曇川
西20 大清寺
蛇谷ヶ峰
藤樹神社
鴨川
船木崎
安曇川
湖西線
高島
367
禅智院卍
宝船
萩の浜
西19 大善寺
近江高島
P24
鵜川四十八体石仏群
八淵滝
白鬚神社
武奈ヶ嶽
161
楊梅滝
P23
西18 葛川息障明王院
北小松
北小松
神璽の滝
地主神社
堂満岳
峰床山
近江舞子

湖西の風景

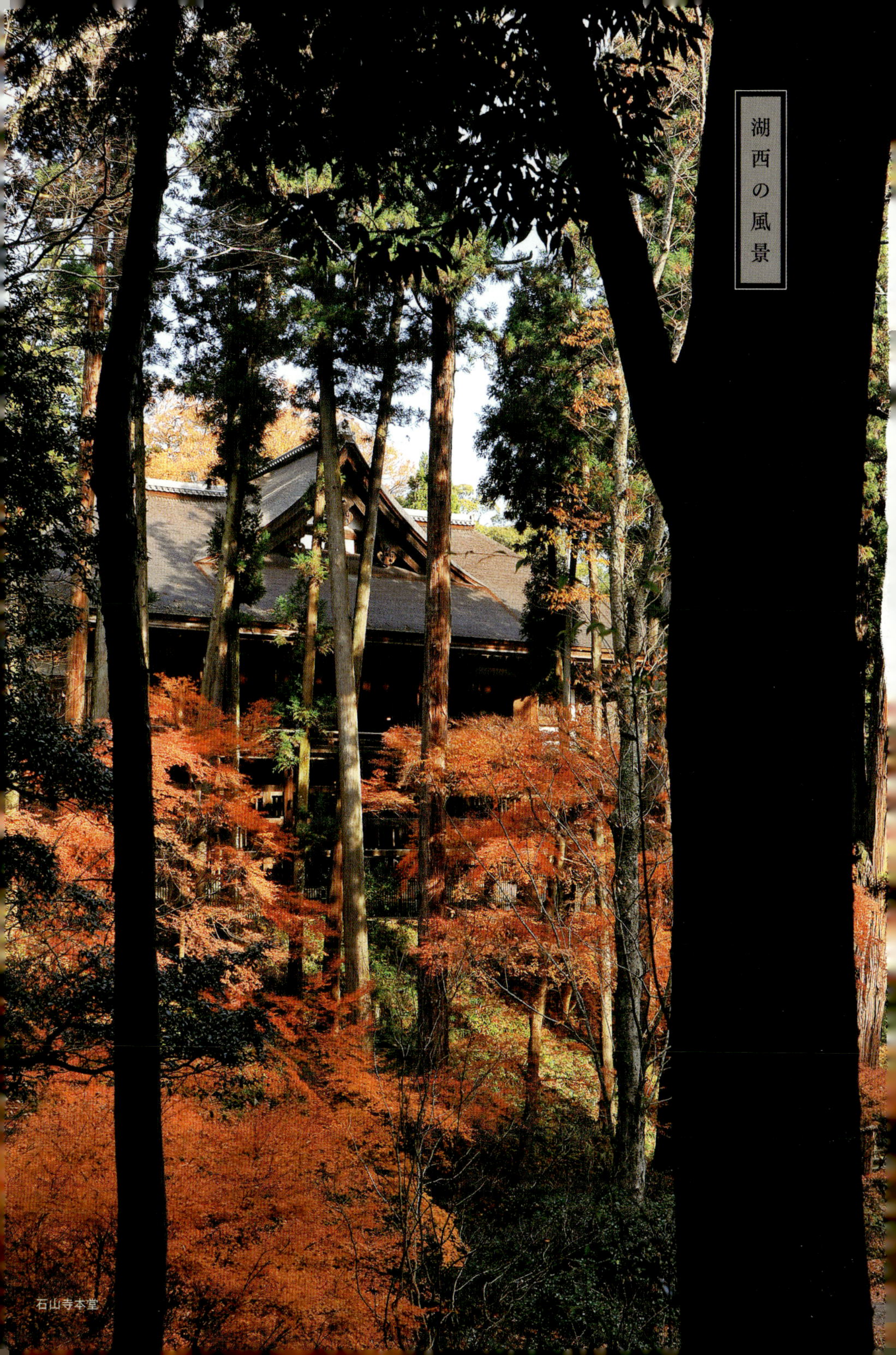

石山寺本堂

三井寺金堂

西教寺本堂

湖北の風景

葛籠尾崎から見た菅浦集落

余呉湖

伊吹山

湖東の風景

百済寺仁王門

金剛輪寺本堂

石塔寺阿育王塔

湖南の風景

常楽寺三重塔

烏丸半島から見た比叡山

櫟野寺

近江湖西・湖北・湖東・湖南二十七名刹

びわ湖百八霊場 公式ガイドブック

序

日本の真中に位置する近江国（淡海国・滋賀県）は、さらにその真中に日本一大きな琵琶湖をもち、周囲は伊吹山《いぶきさん》、比良山《ひらさん》、比叡山《ひえいざん》などの山々に囲まれ、風光明媚《ふうこうめいび》、山紫水明《さんしすいめい》の地で、宗教上でも、京都、奈良に次いで神社仏閣が全域に創建され、神仏習合《しんぶつしゅうごう》の思想の下で信仰されてきた。

平安時代初めには伝教大師《でんきょうだいし》最澄《さいちょう》によって比叡山上に延暦寺《えんりゃくじ》が創建され、鎮護国家《ちんごこっか》、万民豊楽《ばんみんぶらく》を目標に信仰生活が展開されてきた。今まで、西国三十三所観音霊場や四国八十八ヶ所霊場などの巡礼が普及してきたが、一昨年「びわ湖百八霊場会」が西教寺《さいきょうじ》で発会式をみるに至り、県下の観音霊場のみならず諸仏諸菩薩の霊場（日本仏教十八宗派の名刹）を巡拝できるようになったのは、ありがたい極みである。
さらにこの度、淡交社より『近江湖西・湖北・湖東・湖南二十七名刹びわ湖百八霊場公式ガイドブック』が出版された。木村至宏氏の監修のもと、懇切な解説がなされ、巡拝者にとっては至便の書である。大いに活用していただいて、信仰の確立、教養の充実の一助としていただくことを切望します。

平成二十三年一月

びわ湖百八霊場会会長・第四十三世総本山西教寺貫首　西村冏紹《けいしょう》

目次

近江湖北二十七名刹霊場案内

近江湖東二十七名刹霊場案内

近江湖南二十七名刹霊場案内

造　本――鷺草デザイン事務所
地図製作――精彩工房　藤本 芳一

びわ湖百八霊場について——参拝の手引き

びわ湖百八霊場は、滋賀県内の名刹の中から、宗派に関係なく選ばれた百八ヶ寺である。霊場の数が百八となっているのは、県下を四地域（湖西、湖北、湖東、湖南）に分割し、それぞれに二十七ヶ寺を選定し、合計百八ヶ寺となった。平成四年から順次開創され、平成二十一年に、あたかも琵琶湖を数珠でつなぎあわせるが如き壮大な霊場が完成した。四地方ごとに札所番号が二十七番まで設定されており、別途、百八霊場の通し番号がある。

いただいた御朱印を綴じていく専用バインダー

❖参拝の手引き

百八ヶ寺巡拝の順路は、湖西第一番の石山寺から始まり、びわ湖を時計回りに湖西、湖北、湖東、湖南と巡って、湖西二十七番の延暦寺横川《よかわ》中堂で百八霊場の結願《けちがん》となるように設定されている。参拝に関しては、どの札所から巡ってもかまわない。

各寺院で御朱印をいただくことができる。御朱印は本来、経文を浄写して寺院に納めて、その証としていただくものであった。現代では写経を納めることも少なくなったが、心経や真言を唱え、至心に合掌礼拝して御朱印をいただきたいものである。

びわ湖百八霊場では、左頁のような御朱印が用意されている。志納金三百円でいただくことができる。別途、霊場会の作成した専用バインダーが千円で販売されているので、それに綴じ込んでいく。

原則として、無人の場合はこのように御朱印が用意されている

びわ湖百八霊場で用意されている御朱印

寺院の都合上、住職や管理者が不在や留守の場合があるため、そのような時には巡拝者にわかりやすいように御朱印（押印・揮毫・祈願済）が用意されている。各自、志納金を箱に納めて、御朱印をいただいて帰ることができる。お釣りがないように、小銭を用意していくとよい。

拝観時間の定めのないところは、基本的に日中午前九時から午後四時半ぐらいまでに参拝されたい。

びわ湖百八霊場は四つのブロックで構成されている。問い合わせなどは、寺院所属の各ブロックの事務局へ。

各霊場会事務局

近江湖西二十七名刹霊場会事務局
大津市坂本五丁目13-1 西教寺 077-578-0013

近江湖北二十七名刹霊場会事務局
長浜市下坂浜町86 良疇寺 0749-62-1770

近江湖東二十七名刹霊場会事務局
彦根市古沢町1139 長寿院 0749-22-2617

近江湖南二十七名刹霊場会事務局
栗東市林256 新善光寺 077-552-0075

※びわ湖百八霊場全体に関しての問い合わせは、西教寺へ。

凡例

■文化財名称については、以下の通り略した。（国指定重要文化財→重文、滋賀県指定文化財→県指定、各市指定文化財→市指定、国認定重要美術品→重美、国登録有形文化財→国登録、国指定史跡→国史跡、国指定名勝→国名勝、滋賀県指定名勝→県名勝、各市指定名勝→市名勝、国指定天然記念物→国天然、滋賀県指定天然記念物→県天然、各市指定天然記念物→市天然、滋賀県の選択した記録作成等の措置を講ずべき無形の民俗文化財→県選択）

■各寺院の執筆担当は、本文の末尾の括弧内に記した。

■本書で紹介した文化財の中には、秘仏などの特記事項がない場合でも、通常公開されていないものが多く含まれている。

■情報は平成二十三年一月現在のものを掲載した。拝観料や年中行事、交通情報など、場合によって変更されることがある。なお、拝観料については大人の一般料金を記載した。

近江湖西二十七名刹霊場案内

写真 ■ 満月寺浮御堂

21頁
132頁

Ⓒコンビニエンスストア　Ⓢスーパー・ショッピングセンター　Ⓓ百貨店

22頁

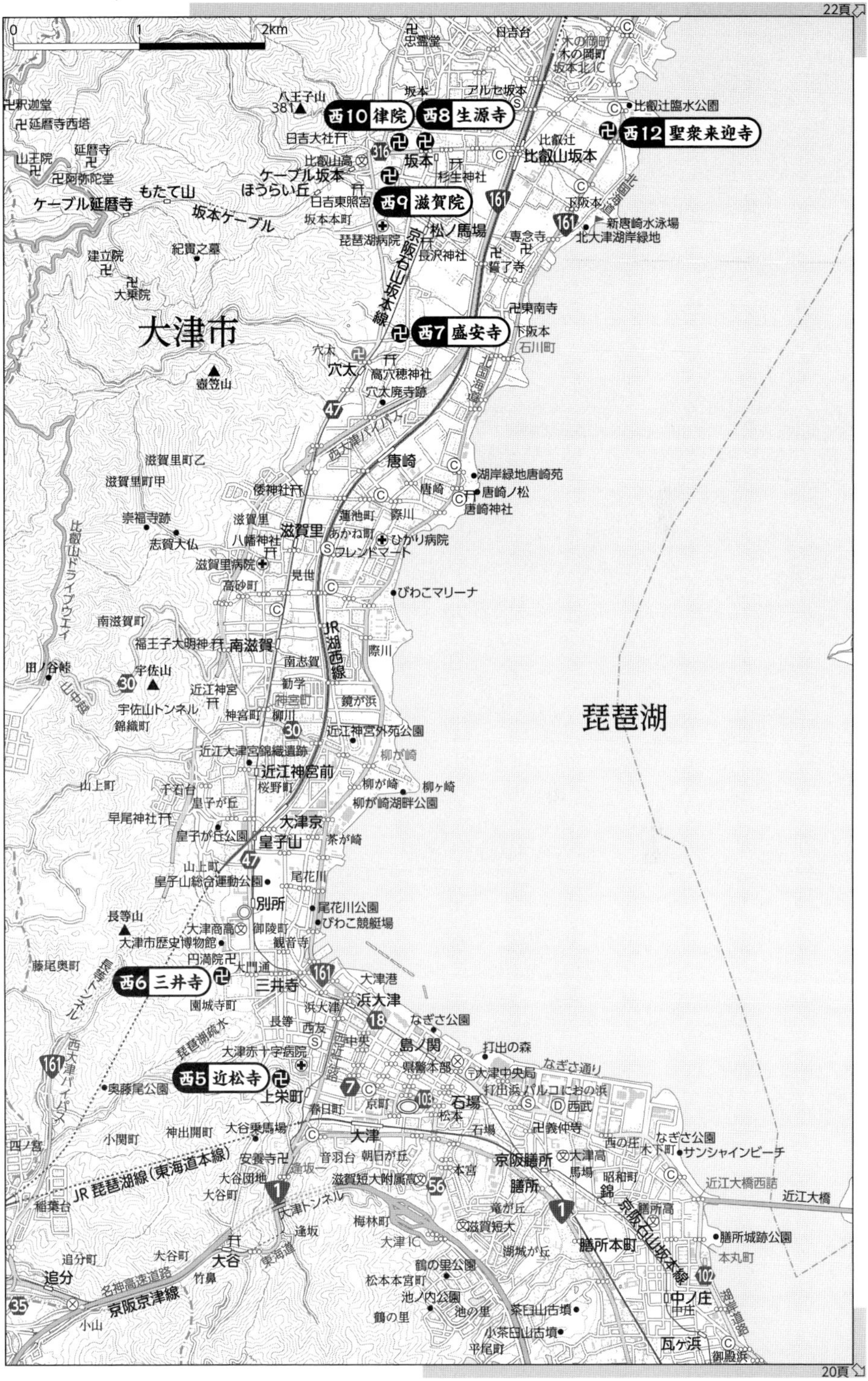
0
1
2km
忠霊堂
日吉台
木の岡町
坂本北IC
八王子山
381
釈迦堂
延暦寺西塔
西10 律院
西8 生源寺
坂本
アルセ坂本
比叡辻臨水公園
西12 聖衆来迎寺
日吉大社
316
比叡辻
比叡山坂本
山王院
延暦寺
阿弥陀堂
比叡山高
坂本
杉生神社
ケーブル坂本
ほうらい丘
日吉東照宮
西9 滋賀院
161
下阪本
ケーブル延暦寺
もたて山
坂本ケーブル
坂本本町
新唐崎水泳場
北大津湖岸緑地
琵琶湖病院
京阪石山坂本線
松ノ馬場
長沢神社
専念寺
誓了寺
紀貫之墓
建立院
大乗院
東南寺
大津市
西7 盛安寺
下阪本
石川町
穴太
穴太
高穴穂神社
壺笠山
穴太廃寺跡
47
北国海道
西大津バイパス
唐崎
滋賀里町乙
湖岸緑地唐崎苑
滋賀里町甲
倭神社
唐崎
唐崎ノ松
唐崎神社
滋賀里
蓮池町
際川
崇福寺跡
志賀大仏
滋賀里
あかね町
八幡神社
ひかり病院
フレンドマート
比叡山ドライブウエイ
滋賀里病院
見世
高砂町
びわこマリーナ
南滋賀町
JR湖西線
福王子大明神社
南滋賀
際川
南志賀
田ノ谷峠
宇佐山
30
山中越
勧学
神宮町
近江神宮
鏡が浜
宇佐山トンネル
神宮町
柳川
錦織町
30
近江神宮外苑公園
琵琶湖
近江大津宮錦織遺跡
柳が崎
近江神宮前
山上町
千石台
桜野町
柳が崎
柳ヶ崎
皇子が丘
柳が崎湖畔公園
早尾神社
大津京
皇子が丘公園
皇子山
茶が崎
47
山上町
皇子山総合運動公園
尾花川
別所
尾花川公園
長等山
大津商高
御陵町
びわこ競艇場
大津市歴史博物館
観音寺
藤尾奥町
円満院
長等トンネル
大門通
西6 三井寺
三井寺
161
大津港
浜大津
園城寺町
浜大津
18
長等
西友
なぎさ公園
琵琶湖疏水
西中央
島ノ関
打出の森
西大津バイパス
161
大津赤十字病院
県警本部
大津中央局
なぎさ通り
西5 近松寺
打出浜
パルコにおの浜
奥藤尾公園
7
上栄町
京町
石場
西武
春日町
103
松本
大谷乗馬場
小関町
神出開町
石場
義仲寺
西ノ宮
大津
なぎさ公園
安養寺
音羽台
朝日が丘
京阪膳所
大津高
西の庄
木下町
サンシャインビーチ
大谷団地
逢坂一
本宮
馬場
昭和町
JR琵琶湖線(東海道本線)
滋賀短大附属高
56
膳所
錦
近江大橋西詰
大谷町
1
近江大橋
稲葉台
天津トンネル
竜が丘
1
膳所高
梅林町
滋賀短大
逢坂
膳所本町
京阪石山坂本線
膳所城跡公園
大津IC
湖城が丘
追分町
大谷町
東海道
本丸町
大谷
鶴の里公園
102
追分
名神高速道路
竹鼻
松本本宮町
中ノ庄
湖岸道路
京阪京津線
池ノ内公園
35
池の里
茶臼山古墳
中庄
鶴の里
小山
小茶臼山古墳
瓦ケ浜
平尾町
御殿浜

20頁

⇧23頁

途中町
途中トンネル
途中口
途中越
レインボーロード
上龍華町
福藏寺
慶福寺
栗原
喜撰川
北浜
中浜
天皇神社
平和堂
高城
和邇
小野神社
和邇 IC
和邇川
春日
大津赤十字志賀病院
小野道風神社
和邇公園
上品寺
下龍華町
琵琶湖スポーツランド
下竜華児童公園
唐臼山古墳
小野
北在地町
上在地町
伊香立
新知恩院
下在地町
世渡川
湖西道路
ゼニワラ古墳
大塚山古墳
清和町
陽明町
普門町
真野
フレスコ
清風町
曼陀羅山
水明
湖青
朝日
花園町
南庄町
生津町
向在地町
伊香立公園
佐川町
大野
真野 IC
向陽町
美空町
普門
勝林院町
南庄町
家田町
神田神社
大津市
真野川
琵琶湖大橋病院
谷口町
大津北署
イズミヤ
春日山公園
真野
春日山古墳群
堅田
西大津バイパス
JR湖西線
アルプラザ
内湖
仰木町
天神川
本堅田
堅田教会
西16 東光寺
光照寺
仰木の里東
堅田高
祥瑞寺
仰木口
本福寺
衣川廃寺跡
成安造形大
衣川寺
小椋神社
仰木
奥比叡ドライブウエイ
フレスコ
衣川
堅田
西17 満月寺浮御堂
仰木の里東
仰木東公園
西15 眞迎寺
天神川
仰木西公園
北大津高
北国街道
仰木の里
雄琴北
仰木
仰木雄琴 IC
西27 延暦寺横川中堂
おごと温泉
延暦寺境内
雄琴公園
オーパル
安楽律院
延暦寺境内
雄琴
西14 安養院
琵琶湖
千野
苗鹿
天満神社
三石岳
676
西13 法光寺
那波加荒魂神社
苗鹿
西11 西教寺
忠霊堂
日吉台
木の岡町
0
1
2km

⇦21頁

0
1
2km
梅ノ木町
観音寺卍
町居町
町居神社⛩
北比良
カマクラ谷
卍 西18 葛川息障明王院
坊村町
地主神社
朽木・葛川県立自然公園
明王谷
三の滝
葛川
奥ノ深谷
堂満岳
1057
南比良峠
南比良
白滝谷
卍常明院
中村町
葛川坊村町
江賀谷
烏谷山
1077
比良山
白滝山
夫婦滝
比良岳
1051
地蔵院卍
木戸口町
百間堤
安曇川
大津市
坂下トンネル
びわ湖バレイ
山頂
⛩思子渕大明神
パノラマロープウェイ
欽喜寺遺跡
萬福寺
卍
荒川
蓬莱山
1174
161
坂下町
321
山麓
志賀駅
志賀
木戸
木戸口町
367
木戸川
木戸公園
正教院卍
八屋戸
清林パーク
湖西道路
百井川
野離子⛩
薬師ノ滝
558
321
権現山
996
西福寺卍
八屋戸
JR湖西線
花折トンネル
161
南船路
蓬莱
琵琶湖
八所神社⛩
蓬莱浜
霊仙山
750
南船路
光徳寺遺跡
栗原
南船路遺跡
西近江路
558
北浜
途中町

⇩22頁

25頁

新旭水鳥観察センター
饗庭
333
針江浜公園
林照寺
西24 覚伝寺
五十川
西23 報恩寺
茶屋谷
西近江路
上古賀
稲荷山
182
大泉寺
大宝寺山
熊野本
558
針江
旭
正伝寺
深溝
下古賀
大荒比古神社
新旭町
新旭
安井川団地
安井川
北畑
301
中野
広瀬橋
保福寺
293
新旭
安井川
妙歓寺
安曇川
薫園
南古賀
23
38
北畑
庄堺
常安橋
新庄
健康の森梅ノ子運動公園
三重生神社
558
303
常磐木
294
298
西万木
安曇川大橋
161
彦主人王御陵
高島市
西近江路
高島バイパス
新安曇川大橋
太田
五番領
五番領
船木口
安曇川
西21 玉泉寺
仁和寺
田中
稲荷神社
23
太田神社
安曇川高
妙雲寺
佐賀
三田
田中
297
西万木
西22 来迎寺
傳正寺
田中
305
川島
安曇川町
平和堂
青柳
上寺
安曇川
中央
末広
駅口
藤樹の里あどがわ
武曽横山
沖田
藤樹神社
西20 大清寺
信光寺
三尾里
23
558
玉林寺
布留神社
武曽横山
西近江路
藤樹書院跡
八田川
上小川
横江
五反田沼
円覚寺
宇伎多神社
志呂志神社
真迎寺
加茂神社
四津川
野田
295
高島歴史民俗資料館
306
下小川
藤江
鴨
鴨川
304
松ノ木内湖
JR湖西線
鴨川平
白山神社
558
蛭子神社
宮野
出福
和田打川
若宮神社
横江浜
永田
三ツ矢
水尾神社
南拝戸
長田神社
鯰川
湖周道路
昌泉寺
拝戸
音羽上
近江白浜
296
300
音羽
浜
妙正寺
大炊神社
荻の浜
荻の浜口
音羽古墳公園
勝野
西19 大善寺
琵琶湖
大溝橋
近江高島
日吉神社
城山台
乙女ヶ池
打下
0
1
2km

高島市
マキノ町
琵琶湖
寺久保
下開田
高島市農業公園施設
マキノピックランド
山崎山
▲307
辻
蛭口
海津
卍宗正寺
海津1区
海津天神社
海津
西26 正行院
東山
▲595
287
森西
沢
マキノ
西浜
湖北バイパス
高木浜
生来川
百瀬川大橋
高木浜マキノサニービーチ
沢
百瀬川
557
知内
知内浜
西近江路
日吉神社
西25 大崎寺
海津大崎
161
新保
マキノ病院
湖周道路
中庄
近江中庄
335
54
大沼
JR湖西線
境川
北仰東
日置前
平ケ崎
北仰
津野神社
今津浜
西近江路
335
浜分
弘川
願海寺
南新保
弘川口
54
高島高
今津病院
阿志都弥神社
今津ショッピングセンター
勤労者体育センター前
曹澤禅寺
今津
291
舟橋
住吉
近江今津
今津港
大供大門
松陽台
161
木津
558
333
饗庭
新旭水鳥観察センター
0
1
2km

⇧57頁

⇧24頁

湖西の風土

木村至宏

滋賀県は、湖を中心におおまかに四つの区域に分かれている。いわゆる湖西・湖北・湖東・湖南である。それぞれ地形的位置を背景に歴史・文化など風土において若干の異なりをみせている。それが滋賀県の特色の一つとなっているといえるだろう。

湖西は、大津市から高島市にかけての範囲に入り、およそ湖の西側の全体に位置する。かつては西江州《にしごうしゅう》と呼ばれ、前面に湖、背後は岩間《いわま》・音羽《おとわ》・長等《ながら》・比叡《ひえい》・比良《ひら》・野坂《のさか》の山なみが連なり、その間に挟まれるように平野部が発達している。その平野部には、古代から畿内と北国《ほっこく》を最短で結ぶ幹線道の北陸道（西近江路・北国海道）が通じている。その道筋に石山寺・三井寺（園城寺《おんじょうじ》）・延暦寺・西教寺《さいきょうじ》といった名刹が並ぶ。これだけの大寺が、近距離で瓦をつらねてい

白鬚神社（高島市鵜川）。比良山の北部山地が湖岸に突き出た、山地と湖が最も近接している場所である。湖中大鳥居と社殿の間に、西近江路（北国海道）が走る。

るのは全国的にも稀有《けう》であろう。

湖西の霊場の開基伝承は、良弁僧正《ろうべん》（奈良・東大寺初代別当）・泰澄大師《たいちょうだいし》（白山《はくさん》開山）・聖徳太子といった奈良時代を代表する人たちが関係、それに続いて比叡山を開いた伝教大師《でんきょうだいし》最澄《さいちょう》をはじめ、智証大師《ちしょうだいし》円《えん》珍《ちん》（三井寺開山・第五代天台座主）・慈恵大師《じえだいし》良源《りょうげん》（元三《がんざん》大師・第十八代天台座主）・恵心僧都《えしんそうず》源信《げんしん》（天台浄土教の祖）がみられる。

また、日本の仏教美術で最も多く造像されたのは阿弥陀如来・観音菩薩であるが、湖西においてもそれを裏付けるように、各霊場寺院の本尊として阿弥陀如来像・観音菩薩像（如意輪《にょいりん》・千手・十一面・聖《しょう》）が多い。

湖西地域は湖東からは前面に湖が、その西に長く山なみが続く。とくに空があかね色に染まる夕日の沈む前は、西方往土の世界を彷彿《ほうふつ》させる風景が現出する。


瀬田の唐橋（大津市瀬田）。「唐橋を制するものは天下を制する」といわれ、長い歴史上、たびたび戦乱の渦中にまきこまれた。一方、「瀬田の夕照《せきしょう》」として近江八景の一つに数えられ、絵画の題材になることも多い、美しい橋である。

第一番

湖西第一番

石光山《せっこうざん》 石山寺《いしやまでら》

東寺真言宗

本尊　二臂如意輪観世音菩薩
開山　良弁僧正
西国観音霊場第十三番札所
近江西国第三番札所
神仏霊場滋賀第十四番札所
『源氏物語』所縁の寺

【御詠歌】　後の世を願うこころはかろくとも　ほとけの誓いおもき石山

日本を代表する古刹で、東寺真言宗の大本山。寺伝によれば、天平十九年（七四七）、良弁《ろうべん》が聖武天皇念持仏を安置するため堂宇を建立したという。当寺は淳仁《じゅんにん》天皇が造営した保良宮《ほらのみや》の鎮護の寺となった。

平安時代に観音霊場として信仰を集め、朝廷をはじめ紫式部・藤原道綱の母など、貴族の女性らが数多く参籠した。また、西国三十三所観音霊場第十三番札所となった。

本堂（国宝）は、永長元年（一〇九六）に再々建された県内最古の木造建造物である。内陣の厨子《ずし》に秘仏木造如意輪観音像（重文）が岩盤に半跏趺座《はんかふざ》の形式で安置されている。近年胎内に小金銅仏四軀が納入されていることが判明した。そのほか木造不動明王坐像・木造毘沙門天立像（ともに重文）などが安置されている。本堂内に紫式部が『源氏物語』を起筆したと伝える「源氏の間」がある。

境内には、源頼朝寄進の形姿の美しい多宝塔（国宝）や、めずらしい硅灰石《けいかいせき》（国天然）などがある。

（木村至宏）

●地図　20頁

入山時間
午前8時〜午後4時30分
（入山は午後4時まで）

入山料　500円

主な年中行事
1月18日　初観音
2月3日　節分星祭
5月5日　石山祭
5月第三日曜　青鬼祭
8月9日　千日会
仲秋の前後三日間　秋月祭
12月18日　終観音

交通　京阪石山寺駅下車、徒歩10分。またはJR石山駅下車、京阪バス石山寺山門前下車すぐ。

所在　大津市石山寺1丁目1-1

電話　077-537-0013

文化財・名所
本堂・多宝塔（ともに国宝）
東大門・鐘楼（ともに重文）
如意輪観音半跏像（重文）
硅灰石（国天然）
近江八景・石山の秋月
その他寺宝多数

第二番
湖西第二番

岩間山《いわまさん》 正法寺《しょうぼうじ》（いわまでら）
（岩間寺）

真言宗醍醐派

本尊　千手観世音菩薩
開山　泰澄大師
西国観音霊場第十二番札所
元正天皇勅願寺

［御詠歌］　水上は　いづくなるらん岩間寺　岸打つ波は松風の音

岩間山の中腹に位置し、一般に「岩間寺」として親しまれている。西国三十三所観音霊場の第十二番札所にあたり、第十一番札所上醍醐《かみだいご》准胝堂《じゅんていどう》と第十三番札所石山寺（湖西第一番・28頁）を結ぶ。
元正天皇の勅願により、白山を開山した泰澄《たいちょう》大師が建立した。
寺伝によれば、養老六年（七二二）に泰澄が白山に向かう途次、ここ岩間山で桂の大樹から千手《せんじゅ》陀羅尼《だらに》を感得し、その桂の木で等身大の千手観音像を刻み、元正天皇念持仏とされる像を胎内に納めたという。その桂の千手観音像は度重なる罹災で失われたが、その胎内仏のいわれを受け継ぐ金銅千手観音像が秘仏本尊として祀られている。この本尊は、日没から日の出まで、毎夜地獄を巡って救済に努めて汗をかかれるため「汗かき観音」と称され、また、泰澄が雷神を弟子とし、参詣者に雷の害を及ぼさないことを誓わせたことから「雷除け観音」とも称される。脇侍に木造婆蘇仙人《ばそせんにん》立像と吉祥天立像が祀られ千手三尊を形成しているが、絵画での例はあるものの彫刻としては珍しい三尊像である。また、不動堂には、平安時代後期の木造不動明王二童子像（重文）が安置されている。

（木村至宏）

●地図20頁

納経受付時間
午前9時〜午後4時30分

入山料　300円

主な年中行事
1月17日　初観音
3月17日　開山泰澄大師忌
4月17日　雷除け法会
5月17日　ぼけ封じ祈願会
9月17日　千日会法要
10月17日　ぼけ封じ祈願会
12月17日　終観音

交通　JR石山駅から京阪バス中千町下車、徒歩50分。毎月17日のみ岩間寺への直通バスあり。

所在　大津市石山内畑町82

電話　077-534-2412

文化財・名所
地蔵菩薩立像・不動明王二童子像（ともに重文）
雷神爪堀湧泉　芭蕉の池
樹齢一千年の長寿桂

第三番
湖西第三番

湖雲山《こうんざん》 龍音寺《りゅうおんじ》

浄土宗

本尊 阿弥陀如来
開山 覚蓮社正誉上人

［御詠歌］ 山門に座して仰げば　湖雲山　阿弥陀如来の慈悲をいただく

大津市大石龍門三丁目の少し高台にある。開基は元和《げんな》四年（一六一八）、覚蓮社正誉上人了故和尚と伝える。

本堂は、平成十年（一九九八）に新築された入母屋《いりもや》造の立派な建造物。本尊は、定印《じょういん》を結ぶ平安時代の木造阿弥陀如来坐像（市指定）で、像高は五十・七センチメートルの小ぶりな尊像であるが、古様の構造に加え、均整のとれたお顔立ちが印象的である。専門家によれば「十世紀にさかのぼる造像」といわれている。本尊の脇侍として観音・勢至《せいし》菩薩の両像、そして右側の壇には、浄土宗派によくみられる善導大師《ぜんどうだいし》像と宗祖法然上人像の二軀がそれぞれ安置される。さらに左側の壇には、鎌倉時代作と伝える木造地蔵菩薩立像が祀られているが、あまりほかに類例を見ない端正な尊像である。

なお、山門前の左側には、「南無阿弥陀佛　天文六年（一五三七）丁酉二月十五日」の紀年銘のあるめずらしい名号塔婆《みょうごうとうば》を見ることができる。

（木村至宏）

主な年中行事 ●地図20頁
1月　修正会
　　仏名会
　　五重作礼会
2月　御忌会
3月　春の彼岸会
4月　法然上人降誕会
8月　盆施餓鬼会
9月　秋の彼岸会
11月　十夜会

交通　JR石山駅から京阪バス大石小学校前下車、徒歩15分。

所在　大津市大石龍門3丁目1-10

電話　077-546-0382

文化財・名所
阿弥陀如来坐像（市指定）
名号塔婆（天文六年在銘）

第四番
湖西第四番

紫雲山《しうんざん》 西徳寺《さいとくじ》

天台真盛宗

本尊 阿弥陀如来
開山 宗珍法師

［御詠歌］　あなとおと　かねのひびきに西山の　みねよりいずる紫の雲

大津市大江の丘陵に位置する。境内には鐘楼や樹高約二十メートルをこえる樟（楠）の大木があり、市の保護樹木となっている。寺伝では慶長七年（一六〇二）に宗珍法師が開基したという。いまから百年前に改修され、平成二十一年（二〇〇九）に大修理された立派な本堂の内陣には、本尊の阿弥陀如来坐像、右側の壇上に宗祖真盛《しんせい》上人坐像、左側の壇にあまり例をみない片足を組んだ形の地蔵菩薩半跏《はんか》像や、青色の角大師《つのだいし》とよばれる慈恵大師《じえいだいし》良源《りょうげん》（元三《がんざん》大師）像がそれぞれ安置されている。とくに小品ながら地蔵尊は、延命地蔵尊として広く信仰されている。

本堂前の石造宝篋印塔《ほうきょういんとう》は、室町時代をくだらないと推定され、当寺の歴史を物語る。

また当寺には「瀬田高寺《たかでら》の念仏」といわれる「鉦講《かねこう》念仏」が、現在も多くの少年少女によって伝えられていることは、無形文化財として特筆に値するといえるだろう。

（木村至宏）

●地図20頁

主な年中行事
毎月24日　地蔵尊護摩供
交通　JR石山駅から近江鉄道バス久保江下車、徒歩2分。
所在　大津市大江2丁目28-41
電話　077-543-0216
文化財・名所
真盛上人直筆六字名号
角大師木像（秘仏）
石造宝篋印塔

第五番
湖西第五番

長等山《ながらざん》　近松寺《ごんしょうじ》

天台寺門宗

本尊　千手観世音菩薩
開山　五大院安然和尚
通称　高観音
近江西国第四番札所

【御詠歌】　たぐひなき　しがからさきのまつちかき　ほとけやちよを　まもるなるらん

長等山の中腹に位置し、眼下に大津市街、琵琶湖を眺望できる景勝地にある。当寺は三井寺五別所の一つで、江戸時代から高観音《たかかんのん》の名称で親しまれている。

開基は、平安時代の天台密教の大成者五大院安然《ごだいいんあんねん》和尚である。本尊は、平安時代にはあまり類例を見ない銅造千手観音菩薩立像（市指定）。像高三十七センチメートルの小さな像であるが、木彫を思わせる精致な観音像である。その脇侍には風神・雷神・観音二十八部衆が整然と安置されている。

西の山の斜面を背に建つ本瓦葺の本堂（観音堂）は、礼堂《らいどう》の前方に吹放しの外陣《げじん》をもつ、享保元年（一七一六）の建造物である。渡り廊下で、善光寺如来を祀る宝形《ほうぎょう》造の阿弥陀堂（ともに市指定）を結び、独特の景観をみせている。

本堂の南側には弁才天社、豆粉地蔵がある。元禄二年（一六八九）の『京羽二重織留《きょうはぶたえおりどめ》』には、大津八景の一つ「近松夜雨」とある。

（木村至宏）

●地図21頁

本堂拝観料　100円
主な年中行事
8月15～17日　善光寺如来御開帳
交通　京阪電車上栄町駅下車、徒歩5分。
所在　大津市逢坂2丁目11-8
電話　077-522-0411
文化財・名所
本堂・阿弥陀堂（ともに市指定）
千手観音菩薩立像（市指定）

第六番

湖西第六番

長等山《ながらざん》 三井寺《みいでら（おんじょうじ）》（園城寺）

天台寺門宗

本尊 如意輪観世音菩薩（観音堂）
開山 智証大師円珍

西国観音霊場第十四番札所（観音堂）
近江西国第五番札所（観音堂）
湖国十一面観音霊場第一番（微妙寺）
神仏霊場滋賀第十五番札所（金堂）

●地図 21頁

入山時間 午前8時〜午後5時

入山料 500円

主な年中行事
1月1日 修正会
2月節分 尊星王星祭
4月8日 潅仏会
5月16〜18日 千団子祭（鬼子母善神開扉）
7月22日 本山採灯大護摩供
10月29日 智証大師御祥忌法要

交通 京阪電車三井寺駅下車、徒歩10分。

所在 大津市園城寺町246（御朱印は観音堂で受付）

電話 077-522-2238

文化財・名所
金堂（国宝）
鐘楼・閼伽井屋・一切経蔵・唐院・三重塔（いずれも重文）
近江八景・三井の晩鐘
三井の霊泉
弁慶の引き摺り鐘
その他寺宝多数

［御詠歌］　いでいるや　なみまのつきを三井寺の　かねのひびきに　あくるみずうみ

日本を代表する名刹。正式には長等山園城寺であるが、一般に三井寺の名称で知られる。天台寺門宗総本山。天智天皇六年（六六七）、大津京遷都のとき寺院を建立したと伝えられるのが園城寺の前身寺院。のち大友皇子の子、大友与多王《おおとものよたおう》が父の霊を弔うため「田園城邑」を寄進し、朱鳥元年（六八六）、寺院を創建。天武天皇から「園城」の勅額を下賜されたことが園城寺の始まりという。平安時代に智証大師円珍《ちしょうだいしえんちん》が再興し、天台別院とした。

その後、大寺ゆえに比叡山との抗争や政治の争乱によって堂舎を亡失。中心堂舎の金堂（国宝）は慶長四年（一五九九）に建立。広大な境内には鐘楼・閼伽井屋《あかいや》・一切経蔵・唐院・三重塔（いずれも重文）が立ち並び、まさに「建造物の博物館」の様相を呈している。

また、塔頭《たっちゅう》の光浄院《こうじょういん》・勧学院《かんがくいん》の客殿（ともに国宝）は、桃山時代の典型的な書院造の遺構である。南の高台には、西国三十三所観音霊場第十四番札所の本尊如意輪観音坐像（重文）を安置する観音堂があり、湖西第六番の御朱印もこちらで受け付けている。

（木村至宏）

第七番

湖西第七番

瑞應山《ずいおうざん》 盛安寺《せいあんじ》

天台真盛宗

本尊 阿弥陀如来　十一面観世音菩薩
開山 慈攝大師真盛
再興 杉若盛安
湖国十一面観音霊場第二番札所

［御詠歌］　たのもしき　おしえは法《のり》の崇福寺《そうふくじ》　御名よぶ声ぞ　極楽の道

比叡山東麓の丘陵地に位置する。開基は慈攝大師《じしょうだいし》真盛《しんせい》上人。寺伝によれば、文明年間（一四六九～八七）、越前朝倉貞景の家臣・杉若盛安《すぎわかせいあん》が当寺を再興し、その名前を寺号にしたという。比叡山焼き打ちのあと、坂本城主明智光秀の祈願所になっていた。『近江輿地志略《おうみよちしりゃく》』に「是明智光秀が時尅をうちならし太鼓ありといふ」とあり、当寺にその太鼓が保存されている。

本堂に安置されている木造地蔵菩薩立像には、めずらしい胎内納入文書三十七通。小さな地蔵菩薩の五千体の摺仏があり、文明十八年（一四八六）からその翌年にかけて、信仰のあかしとして摺仏したことが記されている。

本堂横の客殿（重文）は、伏見城の遺材で建立された。内部には極彩色の襖絵をみることができる。南側には趣のある枯山水庭園（県名勝）もある。

また、飛地の観音堂には、天智天皇建立の崇福寺《そうふくじ》の旧像と伝える、平安時代の優美さを誇る木造十一面観音立像（重文）が安置されている。

（木村至宏）

●地図　21頁

主な年中行事　正月三が日、4月29日～5月5日、5～6月、10月の土曜日に十一面観音立像開扉

交通　京阪電車穴太駅下車、徒歩5分。

所在　大津市坂本1丁目17-1

電話　077-578-2002

文化財・名所
十一面観音菩薩立像（重文）
客殿（重文）
盛安寺庭園（県名勝）
穴太衆積みの石垣

第八番

湖西第八番

比叡山《ひえいざん》 生源寺《しょうげんじ》

天台宗

本尊 十一面観世音菩薩
開山 伝教大師最澄
伝教大師御誕生地
近江西国第六番札所

［御詠歌］ あふぐなり　うしろはひゑのやまたかく　まへにはうみの　ふかきちかひを

坂本の表参道筋に所在する。伝教大師最澄の誕生の地と伝えられる。境内の東南の隅に最澄が産湯《うぶゆ》に使ったという井戸がある。

生源寺は、応長元年（一三一一）から貞和《じょうわ》三年（一三四七）の間に、天台宗の学僧光宗《こうそう》が編述した『渓嵐拾葉集《けいらんしゅうようしゅう》』に登場し、それには伝教大師御作の十一面観音像を胎内に納めた千手観音像を安置し、大将軍を鎮守として祀ったとある。早くに生源寺の寺基があったことが推察される。

境内には鐘楼があるが、かつて織田信長の比叡山焼き打ちのとき、直前にこの鐘がつかれ急を知らせたという。焼き打ちのあと当寺は、観音寺詮舜《せんしゅん》が西塔の釈迦堂再建の余材をもって、文禄四年（一五九五）に再興したといわれている。

内陣には、本尊木造十一面観音立像、そして最澄の父三津《みつの》首百枝公《おびとももえ》と母妙徳夫人《みょうとくぶにん》の御影がそれぞれ安置される。当寺は延暦寺にとって重要な遺跡の一つである。

（木村至宏）

●地図 21頁

主な年中行事
8月17～18日　伝教大師御誕生会
交通　京阪電車坂本駅下車すぐ。
所在　大津市坂本6丁目1-17
電話　077-578-0205
文化財・名所
伝教大師産湯の井戸
生源寺の破鐘

第九番

湖西第九番

滋賀院門跡《しがいんもんぜき》

天台宗

本尊　薬師如来
開山　慈眼大師天海

［御詠歌］　あきらけく　のちの仏のみよまでも　光り伝えよ　法《のり》のともしび

滋賀院は、坂本の里坊群の中で一段高い石垣に囲まれている。江戸時代には、天台座主《ざす》の法親《ほっしん》王《のう》の御座所であったところから滋賀院御殿（のち滋賀院門跡）とよばれていた。

『天台座主記』によると、京都岡崎にあった法勝寺の一部を、元和《げんな》元年（一六一五）に後陽成《ごようぜい》天皇から天海僧正に賜り、移築再建。徳川家光の奏聞を得て親王門跡の建造物としたのが当院の始まりとされる。

滋賀院の名称は、明暦元年（一六五五）に後水尾《ごみずのお》天皇から下賜された院号である。明治六年（一八七三）に延暦寺仮本坊となったが、同十一年火災で焼失したため、同十三年に再興された。

滋賀院の建造物は宸殿《しんでん》・書院・客殿・内仏殿・庫裏《くり》・御成門・通用門からなっている。高いところにある内仏殿には、本尊薬師如来立像が安置されている。

宸殿の西側には、小堀遠州《こぼりえんしゅう》作と伝えられる興趣に富んだ池泉観賞式の庭園（国名勝）がある。

（木村至宏）

●地図21頁

拝観時間
午前9時～午後4時

拝観料　450円

交通　京阪電車坂本駅下車、徒歩5分。

所在　大津市坂本4丁目6-1

電話　077-578-0130

文化財・名所
滋賀院庭園（国名勝）
穴太衆積みの石垣
慈眼堂（天海御廟所）
その他寺宝多数

第十番

湖西第十番

比叡山《ひえいざん》 律院《りついん》

天台宗

本尊 釈迦如来（本堂）　不動明王（護摩堂）
開山 玄俊
中興 叡南祖賢

［御詠歌］　かそやかに呪印をむすぶ指鳴らせり　ほとけに向ひ僧のしづけさ

比叡山延暦寺の門前町・坂本には、里坊と呼ばれる寺院が約五十ヵ寺ある。山上での研学と修練を終えた老僧や病身の僧などが隠居したのが里坊であったが、現在は、山上には修行中の僧侶のみが住んでおり、基本的には里坊に住んで、山上へ通っている。日吉大社の参道である日吉馬場の両側には、多数の里坊が穴太衆積みの石垣を構え、坂本の景観を形成している。

律院は、比叡山横川《よかわ》の総里坊であった松禅院があった所で、明治以降、荒廃していた当地を、戦後初の千日回峰行者・叡《え》南《なみ》祖《そ》賢《けん》師が再興した。寺号は祖賢師が当時、安楽律院（大津市坂本本町）の管領を務めていたことに由来する。本堂は大阪府高槻市にあった寺院からの移築であるが、豊臣秀吉の側室の淀殿が、早世した鶴松の菩提を弔って建てたという桃山時代の建造物である。

坂本の里坊には山からの渓流が引き込まれ、それぞれ庭園が作られたが、律院の庭（国名勝）は保科寺宗秀の作庭によるもので、横川総里坊に相応しい風格を備えている。（編集局）

●地図21頁

主な年中行事
4〜10月　月一回比叡巡拝
12月第一土曜〜日曜　律院大護摩供
毎日午前11時　不動明王護摩供

交通　京阪電車坂本駅下車、徒歩5分。

所在　大津市坂本5丁目24-13

電話　077-578-0094

文化財・名所
律院庭園（国名勝・非公開）
穴太衆積みの石垣

第十一番

湖西第十一番

戒光山《かいこうざん》 西教寺《さいきょうじ》

天台真盛宗

本尊 阿弥陀如来
開山 聖徳太子
中興 慈攝大師真盛
神仏霊場滋賀第十六番札所

［御詠歌］　西にます　仏の誓い教えみよ　寺は真に盛んなるべし

比叡山東麓の高台に位置する。天台真盛宗総本山。縁起によれば聖徳太子の創建と伝え、平安時代に延暦寺の慈恵大師《じえだいし》良源《りょうげん》（元三大師《がんざんだいし》）、続いて恵心僧都源信《えしんそうずげんしん》が草庵を結んだという。その後、正中《しょうちゅう》二年（一三二五）、法勝寺恵鎮によって円頓戒《えんどんかい》の戒場となった。そして、文明十八年（一四八六）、比叡山において長年修行を積んだ慈攝《じしょう》大師真盛《しんせい》上人が入寺して再興し、「無欲清浄　専勤念仏」を主唱し教線を拡大した。織田信長による比叡山焼き打ちで破却されたあと、坂本城主明智光秀が再建に尽力。天正十八年（一五九〇）には、京都の名刹法勝寺が併合され、のち「兼法勝西教寺」と号した。

本堂横の客殿（重文）は、慶長三年（一五九八）に移築された京都伏見城の遺構。内部には豪華な障壁画が描かれている。また、江戸時代を代表する豪壮な本堂（重文）には、本尊の丈六の木造阿弥陀如来坐像をはじめ、客殿にも木造薬師如来坐像（ともに重文）などが安置されている。

（木村至宏）

●地図 22頁

拝観時間　午前9時～午後4時30分
拝観料　400円
主な年中行事
1月28日　宗祖大師降誕会
3月3日　人形供養
4月5～7日　法華千部会
6月14日　明智光秀御祥当法要
交通　JR比叡山坂本駅・京阪電車坂本駅から江若バス西教寺下車すぐ。または京阪電車坂本駅下車、徒歩25分。
所在　大津市坂本5丁目13-1
電話　077-578-0013
文化財・名所
本堂・客殿（ともに重文）
阿弥陀如来坐像・薬師如来立像（ともに重文）
明智光秀一族の墓所
その他寺宝多数

第十二番

湖西第十二番

紫雲山《しうんざん》　聖衆来迎寺《しょうじゅらいごうじ》

天台宗

本尊　阿弥陀如来
釈迦如来　薬師如来

開山　伝教大師最澄（地蔵教院）
恵心僧都源信（聖衆来迎寺）

湖国十一面観音霊場第三番札所

［御詠歌］　あみだぶに　しゃかはつたえをうけつぎて　じょうどのみのりを　ときたもうなり

琵琶湖畔の比叡辻に位置する古刹である。寺伝によれば、当寺は延暦《えんりゃく》九年（七九〇）、最澄の自刻の地蔵菩薩像を本尊とした地蔵教院を建立したことに始まるという。のち比叡山横川《よかわ》の恵心僧都源信《えしんそうずげんしん》が、長保三年（一〇〇一）に入寺し、念仏道場として、紫雲山聖衆来迎寺と称した。その後、大永七年（一五二七）に真玄（近江守護六角高頼の五男高信）が、当寺を再興した。さらに真玄は、元応国清寺第三十七世真雄を戒師とした関係で、元応国清寺の本尊・聖教類・法具類などが当寺に移された。

当寺墓地には、森蘭丸の父・森可成《よしなり》の墓がある。元亀元年（一五七〇）の坂本合戦で戦死した可成の遺体を住職が山内に葬ったもので、翌年の信長の比叡山焼き打ちでも当寺は焼かれなかったと伝わっている。それ故に当寺は近江の正倉院とよばれるほど貴重な寺宝を多く伝存しており、なかでも恵心僧都の『往生要集』を基本にした「絹本著色六道絵」十五幅（国宝）は有名。また、客殿（重文）の内部には、狩野派の探幽・守信・尚信・信政によるみごとな襖絵がある。

（木村至宏）

●地図21頁

拝観料　350円（事前予約要）

主な年中行事　8月16日　寺宝虫干し会

交通　JR比叡山坂本駅下車、徒歩15分。

所在　大津市比叡辻2丁目4-17

電話　077-578-0222

文化財・名所
客殿（重文）
絹本著色六道絵（国宝）
森可成墓所
その他寺宝多数

第十三番
湖西第十三番

光明山《こうみょうざん》 法光寺《ほうこうじ》

天台宗

【御詠歌】 諸人に み法《のり》伝うる寺なれば 佛の光 瑠璃とかがやく

大津市苗鹿《のうか》の旧北国《ほっこく》海道より少し山手に位置する。寺蔵の「光明山法光寺縁起」によると、開創は伝教大師最澄で、裏山を霊山と想念し、一宇の堂を建て、自刻の薬師如来を安置し光明山と号した。のち貞観《じょうがん》五年（八六三）、壬生家の祖・勘解由次官小槻《おづき》宿禰《のすくね》壬生今雄《みぶのいまお》が当地を受領し、薬師如来の霊験を信じ、氏寺として堂塔を建立。境内四町余、堂宇二十四、僧坊三十余を数える大寺で、宿禰の子孫が代々法光寺を管領した。元亀二年（一五七一）の比叡山焼き打ちで焼失した後、延享三年（一七四六）に再興されたという。

本堂は大正五年（一九一六）に完工。当寺には大きな「紙本著色法光寺絵図」があり、かつての盛時の堂舎の姿をみることができる。

境内には、小槻宿禰今雄の供養塔である石造宝塔がある。鎮守社の天満宮には、男神・女神像（市指定）を安置。像底の墨書銘によって、ともに苗鹿大明神の神木をもって、応永三年（一三九六）に作られたことを明らかにしている。

（木村至宏）

本尊 阿弥陀如来 釈迦如来 薬師如来
開山 伝教大師最澄
開基 小槻宿禰壬生今雄

●地図22頁

主な年中行事
1月1日 修正会
2月3日 節分会
3月 春の彼岸会
7月7日 開山忌
8月7～15日 盂蘭盆
23～24日 地蔵盆
9月 秋の彼岸会
10月15日 午祭り

交通 JRおごと温泉駅下車、徒歩20分。または京阪浜大津駅から江若バス苗鹿下車、徒歩5分。

所在 大津市苗鹿2丁目7-11

電話 077-578-0391

文化財・名所
苗鹿地蔵
小槻宿禰壬生今雄供養塔

第十四番
湖西第十四番

月岳山《げつがくさん》 安養院《あんよういん》

天台宗

本尊 妙見大菩薩
開山 慈恵大師良源(元三大師)
元三慈恵大師御母公御廟所

［御詠歌］
安産の　利益尽せぬ妙見寺　三夜の月の出づるかぎりは

比叡山東麓千野《ちの》の丘陵地に位置している。当院は、比叡山延暦寺中興の祖・慈恵大師良源《じえだいしりょうげん》(元三大師《がんざん》)の母、月子姫《つきこひめ》の墓所と伝えられる。境内には母の本地仏《ほんじぶつ》という妙見大菩薩を本尊とする妙見堂と、玉垣をめぐらした立派な石造の墓がある。

当院に伝わる元禄十二年(一六九九)の「妙見菩薩御廟縁起」によると、元三大師の母が老齢になるにしたがい、子どもの大師の近くに住みたいと願うようになった。大師は、天暦《てんりゃく》五年(九五一)、比叡山麓の安楽野に母を迎え、翌天暦六年に仏堂一宇を建て安養院と号した。

その後、同地は大師の「垂乳女《たらちね》(母)」の居所になったということから、「乳野《ちの》」と呼ばれるようになったという。大師は、母の法号を妙見菩薩と号し、ねんごろに供養したといわれている。なお、それは文豪・谷崎潤一郎の随筆『乳野物語』に詳しく綴られている。そして乳野はのち現在の千野に改められた。

(木村至宏)

●地図22頁

主な年中行事
2月3日　節分会
7月6日　妙見大菩薩縁日
9月26日　月子姫忌

交通　JRおごと温泉駅下車、徒歩25分。
所在　大津市千野2丁目7-12
電話　077-578-1411
文化財・名所
月子姫御廟所

第十五番

湖西第十五番

光明山　眞迎寺《こうみょうざんしんこうじ》

天台宗

本尊　阿弥陀如来
開基　恵心僧都源信

［御詠歌］　ながれ行くすえは横川《よかわ》の月かげに　仰木《おおぎ》のさとの水にしもすむ

当寺は、日本浄土教の始祖である恵心僧都源信《えしんそうずげんしん》によって開基された。本尊は恵心僧都の御作と伝えられている阿弥陀如来である。

北東にある「御所の山」は、多田源氏の源《みなもとの》満仲《みつなか》が摂津多田（兵庫県川西市）から来住して居館を構えた跡と伝えられている。

当寺域内には満仲の念持仏とされる薬師如来を安置している宝《ほう》形《ぎょう》造の薬師堂がある。また、観音様の化身として、あるいは厄除けの「角大師《つのだいし》」として、さらには「おみくじ」の創始者として広く一般民衆に信仰されている慈恵大師《じえだいし》良源《りょうげん》（元三《がんざん》大師）を祀る大師堂がある。比叡山横川《よかわ》の四季講堂《しきこうどう》（元三大師堂）に祀られる「横川のお大師さん」に対し、「辻のお大師さん」「仰木《おおぎ》のお大師さん」と呼ばれ地域の人々に親しまれ、一月の元三会法要、九月の誕生会法要では多くの参拝者で賑わう。

また飛地境内の地蔵堂には、かつて仰木谷にあったとされる高日山星林院の旧仏といわれる木造地蔵菩薩立像（重文）が安置されている。鎌倉時代初頭の作といわれ、温和な顔立ちと胸を飾る優美な瓔珞《ようらく》は別材で彫り出したものを矧《は》ぎつけている。（木村至宏）

●地図 22頁

主な年中行事
2月第一土曜　元三大師会（厄除け大根煮の接待）
9月第一土曜　元三大師誕生会（大師そばの接待）
※ともに午後より

交通　JR堅田駅から江若バス辻下車すぐ。

所在　大津市仰木2丁目7-10

電話　077-572-0185

文化財・名所
源満仲念持仏　薬師如来立像
地蔵菩薩立像（重文・地蔵堂安置）

第十六番

湖西第十六番

霊雲山《れいうんざん》 東光寺《とうこうじ》

天台宗

本尊 阿弥陀如来
開山 真玄上人

【御詠歌】 にしの空　さやけき月の東光寺　弥陀の尊容　みる心せよ

大津市仰木《おおぎ》地区下仰木の集落にある。開基は、室町時代に比叡辻の聖衆来迎寺《しょうじゅらいごうじ》（湖西第十二番・39頁）を中興した真玄《しんげん》上人（近江守護六角高頼の五男高信）という。表門から入り、本堂前の左側に池泉観賞式、本堂の左側とその奥には枯山水式のそれぞれ興趣に富んだ庭園が大きく広がっている。

ひときわ目立つめずらしい二重屋根の本堂は、もとは書院造であったが、のち本堂に改築されたといわれる。そのため、内陣の左側には、床の間の形態が付せられ、その系譜を引き継いでいる。本尊は、美しい形姿の木造阿弥陀如来立像で、脇侍に勢至《せいし》菩薩像・観音菩薩像の二尊。そして右側には、天台大師像がそれぞれ安置される。

また、当寺の飛地境内にあたる下仰木の観音堂には、高日山星林院の旧仏と伝える平安時代の木造千手観音菩薩立像（重文）が安置されている。顔の表情もおだやかで、裳の朱彩も美しい。

（木村至宏）

●地図22頁

主な年中行事
3月　春季彼岸会
8月　盂蘭盆会
9月　秋季彼岸会
11月　天台大師会

交通　JR堅田駅から江若バス下仰木下車、徒歩3分。

所在　大津市仰木5丁目13-52

電話　077-572-1577

文化財・名所
東光寺庭園
千手観音菩薩立像（重文・観音堂安置）

第十七番

湖西第十七番

海門山《かいもんざん》 満月寺浮御堂《まんげつじうきみどう》

臨済宗
大徳寺派

本尊 阿弥陀如来（浮御堂）
聖観世音菩薩（満月寺）

開基 恵心僧都源信（浮御堂）
湘南宗沅（満月寺）

［御詠歌］ 琵琶乃湖《うみ》 くまな起《き》影ハ浮御堂 毛《も》連《れ》ぬちかひはみつる月てら

堅田の琵琶湖畔に位置する。臨済宗大徳寺派。寺伝では、平安時代の長徳年間（九九五～九九）に、比叡山横川《よかわ》の恵心僧都源信《えしんそうずげんしん》が、湖上交通の安全と衆生済度のため湖中に一宇を建立し、自ら阿弥陀如来像を刻んで安置したのが始まりという。

湖岸から浮御堂（国登録）まで約二十メートルの橋が架けられる。浮御堂の正面は湖面側に向き、本尊は木造阿弥陀如来立像である。現在の浮御堂は室戸台風によって傾壊のあと、昭和十二年（一九三七）に再建された。

境内の観音堂（国登録）の厨子の中には、平安時代の優美な木造聖《しょう》観音坐像（重文）が安置される。聖観音像の場合立像が多いなか、当寺のように坐像は少なく注目に値する。

湖上に浮かぶ浮御堂の景観はすぐれ、全国屈指の風光明媚な名勝地である。近世初頭に選定された近江八景の一つ「堅田の落雁《らくがん》」として著名。この地を、松尾芭蕉・小林一茶など多くの文人墨客が訪ねている。（木村至宏）

●地図22頁

入山時間 午前8時～午後5時

入山料 300円

主な年中行事
1月10日 開山忌
2月15日 涅槃会
4月8日 降誕会
8月16日 施餓鬼
12月8日 成道会

交通 JR堅田駅から町内循環バス出町下車、徒歩5分。（土・日曜は浮御堂までのバスあり）

所在 大津市本堅田1丁目16-18

電話 077-572-0455

文化財・名所
浮御堂・観音堂・山門・茶室玉鈎亭（いずれも国登録）
聖観音菩薩坐像（重文）
近江八景・堅田の落雁
松尾芭蕉句碑

第十八番

湖西第十八番

安曇山《あどさん》　葛川息障明王院《かつらがわそくしょうみょうおういん》

天台宗

本尊　千手観世音菩薩
開山　相応和尚
近畿三十六不動第二十七番札所

［御詠歌］　白露の玉まくくずのかつら川　くる秋にしも我はかへらん

比良山系の西側、大津市葛川坊村町にある。一般に、葛川の明王院と呼ばれている。比叡山の回峰行の創始者相応《そうおう》和尚《かしょう》が貞観《じょうがん》元年（八五九）、新たな修行地を求めて比良山中に入り、比良山系にかかる三の滝で不動明王を感得。滝壺に飛び込み、桂の古木に抱きつき、それに不動明王を自刻し、明王院を建立したことにはじまる。

本堂（重文）の内陣には、千手観音立像・不動明王立像・毘沙門天立像（いずれも重文）を安置。長押《なげし》には、大型の懸仏《かけぼとけ》（県指定）六面がかけられている。さらに、元久元年（一二〇四）紀年銘のある長い参籠札もみることができる。

また、七月の蓮華会《れんげえ》には、延暦寺修行僧による葛川参詣が行われる。とくに十八日には、本堂外陣《げじん》で全国唯一の「太鼓廻し（太鼓乗り）」が行われる。行者が廻る太鼓に乗り、合掌して飛び降りる。これは相応和尚が滝壺に飛び込み、不動明王を感得した故事を再現している。

（木村至宏）

●地図23頁

主な年中行事
7月16～20日　葛川夏安居
7月18日　太鼓廻し
8月28日　不動明王御開帳

交通　JR堅田駅から江若バス坊村下車すぐ。京阪出町柳駅から京都バス坊村下車すぐ。

所在　大津市葛川坊村町155

電話　077-599-2372

文化財・名所
千手観音立像・不動明王立像・毘沙門天立像（いずれも重文）
光明真言功徳絵詞（重文）
地主神社本殿・幣殿（ともに重文）
三の滝

第十九番
湖西第十九番

紫芝林山《ししりんざん》 大善寺《だいぜんじ》

天台真盛宗

本尊 阿弥陀如来
開基 織田信澄
中興 真順大和尚

［御詠歌］　わけいらぬ　みのりのはなも　むらさきの　しばのはやしの　みちをしるべに

大溝城の城下町として栄えた勝野にある。もとは比叡山三千坊の一つで、勝野の背後に位置する長宝寺山にあったが、消滅して後、新旭町新庄に堂舎が建立されたという。天正六年（一五七八）、新庄大溝城主となった織田信澄《のぶずみ》（信長の甥）の求めに応じ、新庄の大善寺の別院として、勝野の浜辺（現在の日吉神社御旅所）に建立された。しかし、この場所はたびたび水害をこうむったので、大溝藩に新たな領主として分部《わけべ》氏が移封して後、現在の地に移転されたという。また、寺院に残る位牌によると、真順大和尚の中興とされる。

寺院に隣接する不動堂に祀られる不動明王坐像は、気迫に富んだ激しい憤怒を表現する十世紀末から十一世紀前半ころの秀作である。この像は、分部氏が移封した際に、旧領の伊勢から守護仏としてもたらされたものであるという。寺伝では、分部光信が大坂の陣に出陣した際、この像を護持の本尊として陣中に祀っていたといわれている。

（山本晃子）

●地図24頁

主な年中行事
1月　修正会
2月　節分護摩供法要
　涅槃会
　開山忌
4月　灌仏会
7月　千日会

交通　JR近江高島駅下車、徒歩10分。

所在　高島市勝野2152

電話　0740-36-0748

文化財・名所
分部光実山号額
分部光信陣中護持不動明王坐像
織田信澄供養塔

第二十番
湖西第二十番

高光山《こうこうざん》 大清寺《だいせいじ》

天台真盛宗

本尊 阿弥陀如来
開基 真恵上人

［御詠歌］　ほがらかに　仏の教え大清寺　このりにゆかん　駒のあしなみ

高島市南部を流れる鴨川の支流、八田川の上流の高台に位置する。大津市坂本の西教寺第三世真恵《しんね》上人の開基とされる天台真盛宗の寺院。真恵は永正五年（一五〇八）に大清寺に入寺し、真恵に帰依した土豪・万木《ゆるぎ》対馬守《つしまのかみ》高光《たかみつ》が檀那となって寺の本堂を建立したという。また、当寺は高島西国観音霊場第二番札所でもある。

当寺のある横山の地は、近江守護佐々木氏の庶流である高島七頭の一つ、横山氏の領地であり、同じく佐々木氏の一族とされる万木氏は、この地に深い関係をもっていたと考えられている。山号の高光山は、万木高光の名前からとったもので、現存する寺号額は、真恵が書いたものと伝えられる。また、境内には万木高光の墓も残されている。

当寺に伝わった鎌倉時代の絹本著色千手観音二十八部衆像（重文）は、入念な描写で諸像が描かれた優品で、数少ない千手観音二十八部衆像を代表する作品として知られている。（山本晃子）

●地図24頁

主な年中行事 7月18日　千日会
交通　JR近江高島駅から高島循環バス武曽横山下車、徒歩5分。
所在　高島市武曽横山1745
電話　0740-37-0049
文化財・名所
絹本著色千手観音二十八部衆像（重文）
真恵上人墓所
万木高光墓所

第二十一番
湖西第二十一番

遍照山《へんじょうざん》 玉泉寺《ぎょくせんじ》

天台真盛宗

本尊 阿弥陀如来
開山 行基菩薩
中興 真叡上人
西近江七福神 布袋尊

［御詠歌］ 遍ねくも　照らす日影に澄む池の　玉の泉は功徳水かな

比良山系の北端に位置する阿弥陀山の南麓にある。境内に残る元文四年（一七三九）の梵鐘の銘文によると、天平年間（七二九～四九）に行基菩薩によって開かれたという。その後、寺院は荒廃し、享禄四年（一五三一）の火災によって一堂を残すのみになったが、天文二年（一五三三）に当地を支配する田中城主・田中下野守理春が西教寺第四世真叡を招いて再興したという。また、当寺は高島西国観音霊場第五番札所でもある。

境内には、優れた石造品が多く残り、本堂前には鎌倉時代の宝塔、層塔などが並ぶ。また、像高約一・五メートル、丸彫形式の石造五智如来《ごちにょらい》（阿弥陀・薬師・大日・弥勒《みろく》・釈迦）は室町時代の作と考えられている。さらに、本堂背後の墓地には、近畿でも類例の少ない結界を示す石造三昧鳥居や、室町時代の石造六観音像、石造地蔵像などをみることができる。

（山本晃子）

●地図24頁

主な年中行事
3月　涅槃会
8月15日　盆施餓鬼会
11月　御十夜
12月　永代施餓鬼会

交通　JR安曇川駅から高島コミュニティーバス三田下車、徒歩5分。

所在　高島市安曇川町田中3459

電話　0740-32-0791

文化財・名所
五智如来石像　石仏群

第二十二番
湖西第二十二番

祥雲山《しょううんざん》 来迎寺《らいこうじ》

天台真盛宗

本尊 阿弥陀如来
開基 真恵上人

［御詠歌］ うまれきて　かへるはいかに　だれもみな　むかえのふねに　のりぞおくれじ

安曇川扇状地のほぼ中央、西万木《にしゆるぎ》の集落に位置する天台真盛宗の寺院。永正十七年（一五二〇）、横山の大清寺を開いた西教寺第三世真恵《しんね》上人の開基と伝えられる。宝暦七年（一七五七）に本堂が再建された。当寺は、高島西国観音霊場第三十番札所でもある。寺院近くにＪＲ湖西線の安曇川駅ができたことから、現在周囲は区画整理が進み、新しい建築物が立ち並ぶが、白塀で囲まれた広い境内地は、往時の隆盛をうかがわせる。なお、本尊はおだやかな木造阿弥陀如来立像である。

また、寺院南側には弥生時代中期から古墳時代中期の集落跡が検出された南市東遺跡が広がり、その出土遺物等からは朝鮮半島の影響が認められる。このことからは、この地に居住していたと考えられる渡来系氏族とのかかわりも推測される。（山本晃子）

●地図 24頁

主な年中行事
1月　弁天講
3月　涅槃会
　　　春の彼岸会
8月　盆会
　　　施餓鬼会
9月　秋の彼岸会
11月　永代施餓鬼会

交通　ＪＲ安曇川駅下車、徒歩10分。
所在　高島市安曇川町西万木139
電話　0740-32-0346
文化財・名所
阿弥陀如来立像

第二十三番
湖西第二十三番

長清山《ちょうせいざん》 報恩寺《ほうおんじ》

曹洞宗

本尊 釈迦如来
開基 太源宗真

【御詠歌】とこしえに　きよきみやまの　ほうおんじ　ほとけのちかい　ひびあらたに

饗庭野《あいばの》丘陵の東側の麓に位置する曹洞宗寺院。開基は能登總持寺二世峨山《がさん》韶碩《じょうせき》禅師の高弟で、宗門中の五哲に数えられた太源宗真《たいげんそうしん》和尚と伝えられる。宗真和尚の没年が建徳元年（一三七〇）であるので、創建は十四世紀半ばのことと考えられる。『高島郡誌』によると、寺院の創立にも関わった吉武壱岐守《よしたけいきのかみ》が越後国村上に移った際、当寺も越後に移り、吉武壱岐守の没後、遺族が高島の地に戻るとともに高島に戻り、元和《げんな》三年（一六一七）、現在の地に再建されたという。

なお、応永二十九年（一四二二）の「木津荘検注帳」によれば、当寺は現在地の北西隣にある日爪集落内に位置していたことになり、再建の際に寺基が移されたものと考えられる。

現在は、旧北国《ほっこく》海道でもある県道から十段あまりの石段を登ると、風格のある本堂、庫裏が立ち並んでいる。周辺は寺院の多い一帯で、かつてのこの地域での仏教信仰の高まりを認めることができる。

（山本晃子）

●地図24頁

主な年中行事
7月第一日曜　万人講施餓鬼会

交通　JR新旭駅から高島市コミュニティバス「はーとバス」（土日祝運休）五十川下車、徒歩3分。または、JR新旭駅下車、徒歩35分。

所在　高島市新旭町饗庭637

電話　0740-25-3609

文化財・名所
大般若経
万人講会大画軸三幅

第二十四番

湖西第二十四番

高岳山《こうがくざん》 覚伝寺《かくでんじ》

曹洞宗

本尊 釈迦如来
開山 唄庵義梵
近畿楽寿観音第二十八番札所

［御詠歌］ よのために かくてむすびしこのてらの くどくふしょうの つねならぬには

饗庭野《あいばの》丘陵の東側の麓に位置する曹洞宗寺院。開基、創立年代は明らかでないが、寺伝によると、応永四年（一三九七）に火災によって元にあった寺院が焼失した後、応永九年に西林坊義光《さいりんぼうぎこう》が新しく堂舎を建立し、さらに永享元年（一四二九）に越前興禅寺の四世唄庵義梵《ばいあんぎぼん》和尚を迎えて、覚伝寺の開山としたという。

本尊は釈迦如来で鎌倉時代の作とされる。また、行基作と伝えられる木造聖《しょう》観世音菩薩立像は、もとは熊野山（現在の饗庭野）にあった白蓮山宝賛寺に祀られていたが、永禄年中（一五五八～七〇）に宝賛寺が織田氏の兵火にかかり焼失したため、天正九年（一五八一）に当寺に移されてきたものであるという。高島西国観音霊場第十八番札所の本尊でもある。他に、弘法大師の作と伝える木造地蔵菩薩立像、安阿弥作で木津観音堂の仏像であったと伝える木造十一面観世音菩薩立像等を安置している。

旧北国《ほっこく》海道沿いの集落の一つである岡区の高台の一画にあり、山門に続く石段と諸堂の立ち並ぶ広い境内は、往時の隆盛を今に伝えている。

（山本晃子）

●地図24頁

主な年中行事
1月1～3日 大般若会
7月14日 弁財天大般若祈祷会

交通 JR新旭駅から高島市コミュニティバス「はーとバス」（土日祝運休）五十川下車、徒歩3分。または、JR新旭駅下車、徒歩40分。

所在 高島市新旭町饗庭2369

電話 0740-25-2217

文化財・名所
聖観世音菩薩立像
布袋尊坐像

第二十五番

湖西第二十五番

石立山《いしたてやま》 大崎寺《おおさきじ》

真言宗智山派

本尊 十一面千手観世音菩薩
開基 泰澄大師
中興 小野篁
近江西国第九番札所
西近江七福神 毘沙門天
近畿楽寿観音第二十九番札所

[御詠歌] 石立の山をしるべに法《のり》の道　仰ぐに近い大崎の寺

大崎観音と称する。近江西国観音霊場の第九番札所でもある。寺伝によると、大宝二年（七〇二）、泰澄《たいちょう》の開基で、小野篁《おののたかむら》により中興されたという。『興福寺官務牒疏《かんむちょうそ》』に寺名の記載があり、奈良興福寺末で、僧坊三十九院と記される。戦国時代には織田信長の戦火などの影響で荒廃したが、豊臣秀吉が天下を平定したのち、安土城の血痕のある用材を用いて本堂を修復し、戦死者を供養したと伝える。現在、本堂の東奥に位置する宝形《ほうぎょう》造の阿弥陀堂の天井にその材が一部残っているとされ、血天井として知られている。本尊の十一面千手観音像は泰澄の作と伝えられる秘仏。本尊脇に安置される毘沙門天立像（市指定）は、鎌倉時代の特徴を示す秀作である。

寺院は、琵琶湖の北西端に突き出した半島の先端にあり、境内からは北琵琶湖の美しい風景を望むことができる。また、日本のさくら名所百選の一つとして知られる海津大崎《かいづおおさき》の桜並木の中ほどに位置しており、桜の季節には多くの花見客で賑わう。

（山本晃子）

●地図25頁

主な年中行事
1月 大般若会
8月 大護摩祈願会
春・秋 彼岸会

交通 JRマキノ駅よりタウンバス国境線海津1区下車、徒歩30分。

所在 高島市マキノ町海津128

電話 0740-28-1215

文化財・名所
毘沙門天立像（市指定）
海津大崎
安土の血天井
千貫松・弁天松
日本のさくら名所百選

第二十六番
湖西第二十六番

宮子山東谷寺《きゅうしざんとうこくじ》 正行院《しょうぎょういん》

浄土宗

本尊 阿弥陀如来
開基 念誉昌公

［御詠歌］　月かげの至らぬ里はなけれども　ながむる人の心にぞすむ

浄土宗鎮西派知恩院末の寺院で東谷寺正行院と称する。海津地域の寺院に残る元禄五年（一六九二）の「寺社改帳《じしゃあらためちょう》」には、文明十八年（一四八六）に念誉昌公《ねんよしょうこう》上人によって建立されたとあり、同じく享保九年（一七二四）の「海津寺社方明細帳写」によると二百十一坪の境内地をもち、末寺七ヵ寺が存在したという。

当寺は、中世から近世・近代にかけて港町・宿場町として発展した海津の町並みを見下ろす高台に位置し、現在も街道筋から急な参道を登ると威容のある山門が目に入る。

境内の裏山には、この地で自刃した加賀藩士松平大弐《まつだいらだいに》（康正《やすまさ》）の灰塚がある。幕末の元治元年（一八六四）、京都に滞在していた加賀藩の世子・前田慶寧《まえだよしやす》は、長州藩が京都御所を攻撃した禁門の変が起こった日に帰国の途についたところ、朝廷から長州藩との関係を疑われ、海津の地で足止めされることになった。補佐役として同行していた松平大弐は世子の立場が危うくなった責任をとり、この地で切腹したという。

（山本晃子）

●地図25頁

主な年中行事
1月　御忌会
2月　涅槃会
3月　春の彼岸会
8月　施餓鬼会
9月　秋の彼岸会
11月　十夜

交通　JRマキノ駅下車、徒歩25分。または、タウンバス国境線海津1区下車、徒歩5分。
所在　高島市マキノ町海津475
電話　0740-28-0535
文化財・名所
松平大弐灰塚

第百八番（結願）
湖西第二十七番

比叡山《ひえいざん》 延暦寺横川中堂《えんりゃくじよかわちゅうどう》

天台宗

本尊 聖観世音菩薩
開基 伝教大師最澄
新西国霊場第十八番札所

［御詠歌］　千代《ちよ》かけて世をば救ひの鐘の音《ね》を　送り絶えせぬ比叡《ひえ》の山風

比叡山三塔の一つ横川の中心堂舎の横川中堂は、首楞厳院《しゅりょうごんいん》・根本観音堂ともよばれている。『叡岳要記《えいがくようき》』などによると、入唐求法《にっとうぐほう》した慈覚大師円仁《じかくだいしえんにん》が、嘉祥元年（八四八）、横川中堂を創建し、求法のとき円仁を守護したという木造聖《しょう》観世音菩薩像と毘沙門天像を安置した。

そのあと、慈恵大師良源《じえだいしりょうげん》（元三《がんざん》大師）が、天延三年（九七五）に横川中堂を改築したとき、不動明王像を造立し、開眼《かいげん》供養をした。武覚超《たけかくちょう》氏は、現在の中央に聖観音、左右に不動明王と毘沙門天を配置する三尊形式は、このときに確定したといわれている。

比叡山焼き打ちのあと、横川恵心院亮信《りょうしん》が中堂を再興。さらに慶長九年（一六〇四）、豊臣秀吉の側室・淀殿が改築したが、昭和十七年（一九四二）、落雷のため焼失。現中堂は、昭和四十六年に再建された。

本尊は平安時代の優美な木造聖観世音菩薩立像（重文）である。

（木村至宏）

●地図22頁

拝観時間
午前9時～午後4時（12月は午前9時30分～午後3時30分、1～2月は午前9時30分～午後4時）

東塔・西塔・横川共通券
550円

主な年中行事
5月下旬　横川観音講
9月上旬　千日回峰行者特別祈祷
11月　比叡山もみじ祭「紅楓会」

交通　京阪電車坂本駅から坂本ケーブル山頂駅乗換、またはJR京都駅から京都・京阪バス延暦寺バスセンター乗換、山内シャトルバス横川下車すぐ。（山内シャトルバスは冬季期間運休）

所在　大津市坂本本町4220

電話　077-578-0830

文化財・名所
聖観世音菩薩立像（重文）
四季講堂（元三大師堂）　恵心堂
元三大師廟　根本如法塔

近江湖北二十七名刹霊場案内

写真■竹生島

北3 洞壽院
0
1
2km
妙理の里
菅並
新谷山
▲662
七々頭ヶ岳
▲693
柳ヶ瀬
摺墨
摺墨川
墓谷山
▲738
285
小谷
源昌寺
上丹生
茶わん祭の館
丹生神社
杉野
毛受兄弟墓
新堂
北2 全長寺
今市
長浜市
杉本トンネル
杉本
池原
勘定川
橋本
丹生神社
下丹生
国安
東野
365
303
ウッディパル余呉
中之郷
284
高時川
文室川
余呉町
余呉導水路
285
八幡神社
音羽
C
284
川合
音羽谷
八戸
北国街道
余呉川
余呉
大見
33
北1 菅山寺
医王寺
下余呉
下余呉
北陸自動車道
大見地蔵堂
杉野川
川並
弘善館（菅山寺納経所）
坂口
大見渓流
余呉湖
中川清秀墓
285
高時川
賤ヶ岳SA
川合トンネル
中ノ谷
田上山
▲323
黒田観音寺
365
532
303
黒田

59頁

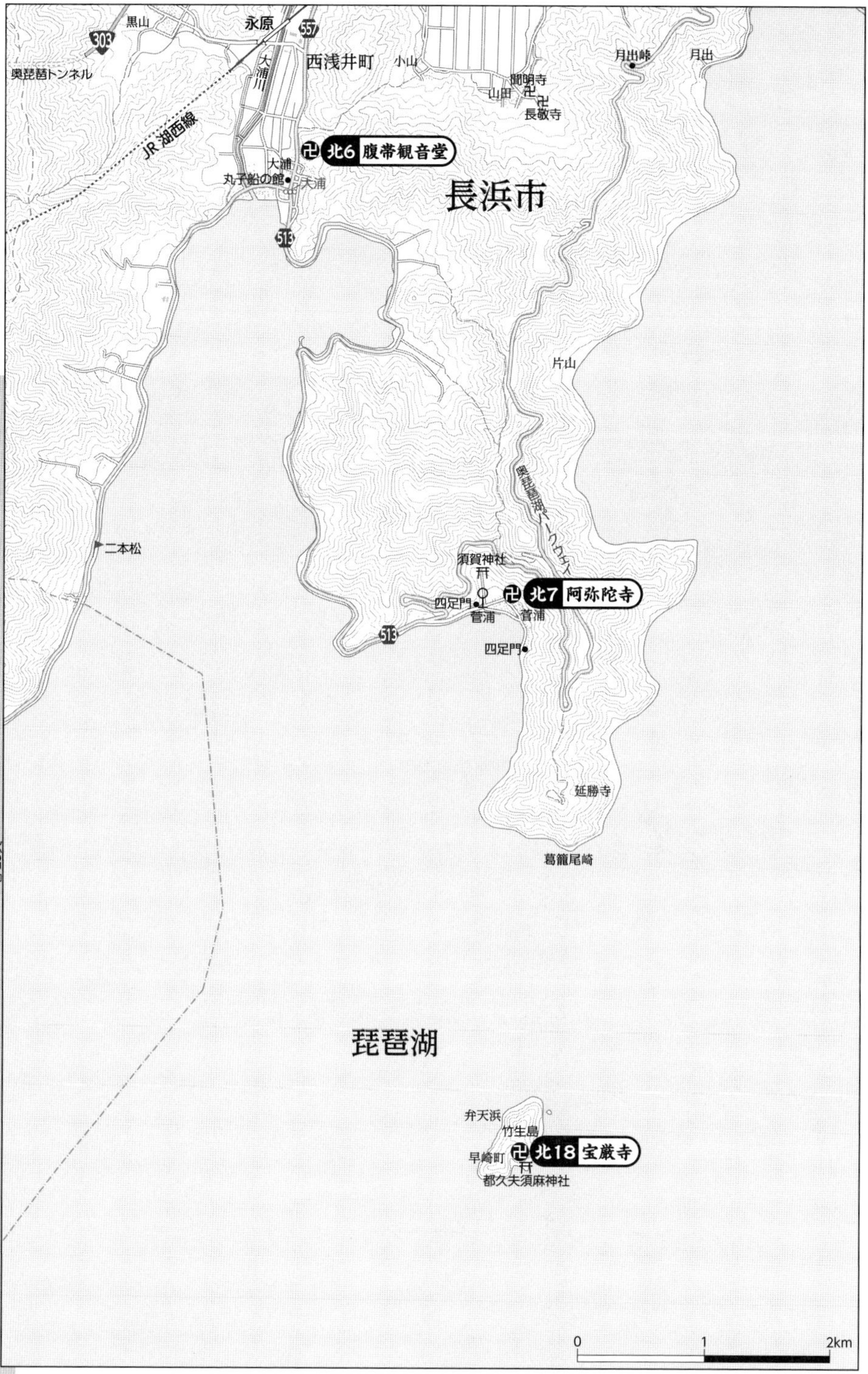
黒山
303
永原
557
奥琵琶トンネル
西浅井町
小山
大浦川
JR湖西線
月出峠
月出
間明寺
山田
長敬寺
北6 腹帯観音堂
大浦
丸子船の館
大浦
長浜市
513
片山
奥琵琶湖パークウェイ
二本松
須賀神社
北7 阿弥陀寺
四足門
菅浦
菅浦
513
四足門
延勝寺
葛籠尾崎
琵琶湖
弁天浜
竹生島
北18 宝厳寺
早崎町
都久夫須麻神社
0
1
2km

⇧25頁

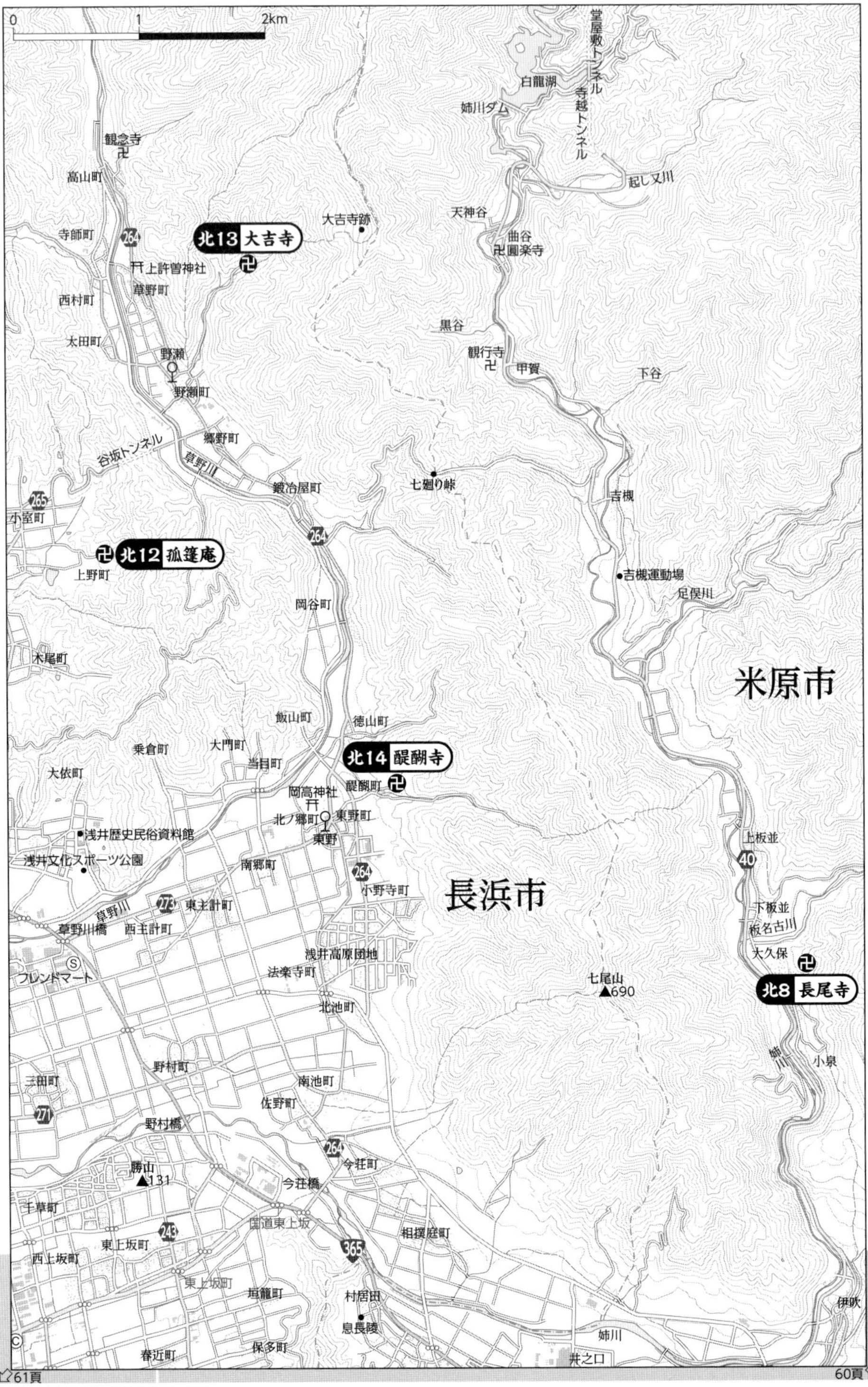
0
1
2km
堂屋敷トンネル
白龍湖
寺越トンネル
姉川ダム
観念寺
高山町
起し又川
天神谷
大吉寺跡
寺師町
264
北13 大吉寺
曲谷
圓楽寺
上許曽神社
草野町
西村町
黒谷
太田町
野瀬
観行寺
甲賀
下谷
野瀬町
郷野町
谷坂トンネル
草野川
七廻り峠
鍛冶屋町
265
吉槻
小室町
北12 孤篷庵
上野町
吉槻運動場
足俣川
岡谷町
木尾町
米原市
飯山町
徳山町
乗倉町
大門町
北14 醍醐寺
当目町
大依町
醍醐町
岡高神社
北ノ郷町
東野町
東野
上板並
浅井歴史民俗資料館
浅井文化スポーツ公園
南郷町
40
長浜市
小野寺町
273
東主計町
草野川
草野川橋
西主計町
下板並
板名古川
大久保
浅井高原団地
フレンドマート
法楽寺町
七尾山
690
北8 長尾寺
北池町
姉川
小泉
野村町
三田町
南池町
佐野町
271
野村橋
264
今荘町
勝山
131
今荘橋
千草町
国道東上坂
243
相撲庭町
東上坂町
365
西上坂町
東上坂町
垣籠町
村居田
伊吹
息長陵
姉川
保多町
春近町
井之口

61頁
60頁

↖56頁

0
1
2km
北4 鶏足寺(己高閣)
北5 石道寺
北9 西野薬師堂
北11 小谷寺
長浜市
木之本町
高月町
湖北町
虎姫町
JR北陸本線
北陸自動車道
木ノ本
高月
河毛
虎姫
黒田
木之本
伊香高
木之本地蔵院
湖北病院
木之本IC
塩津街道
田居
大音
木之本IC
廣瀬
田部
洞戸
尾山釈迦堂
石道
神前神社
鶏足寺跡
古橋
小山
西山
木之本大橋
田部東
立法寺
尾山
涌出山
200▲
赤後寺
石作玉作神社
千田
持寺
保延寺
高野
高野神社
北布施
余呉川
唐川
井口
雨森
雨森芳洲庵
雨森橋
布施
赤尾
横山
東高田
井口南
東物部
柏原
磯野
西物部
渡岸寺観音堂(向源寺)
観音の里歴史民俗資料館
渡岸寺
上山田
清休寺
松尾
下山田
西野
重則
落川
阿弥陀橋
馬上
柳野中
森本
西柳野
高月南
小谷山
二俣
熊野
寿橋
丁野町
東阿閉
宇根
フレンドマート
八日市
▲169
岡山
美濃山町
小谷城跡
竹蓮寺
猫口
新寿橋
西阿閉
沢
青名
郡上町
山本山
▲324
今町
速水北
山脇
泉龍寺
河毛
五坪
速水
新福橋
虎御前山
224▲
山本
福橋
光照寺
大光寺
高時川
伊部
留目
今西
比伎多利神社
高田町
別所
延勝寺
田中
南速水
小倉
賀村橋
賀
虎御前山公園
中野町
西野町
小倉神社
小今
大安寺
矢合神社
田川
安養寺町
馬渡
本徳寺
海老江
玉泉寺
小観音寺町
馬渡橋
正福寺
三川町
富田町
稲葉町
大寺
香花寺町
月ヶ瀬町
益田町
十九町
弓削町
唐国町
田町
新旭町
五村
虎姫高
宮部町
早崎町
上八木町
本願寺五村別院

⇧58頁
東上坂町
垣籠町
村居田
息長陵
伊吹
春近町
保多町
姉川
243
井之口
伊吹の里
堀部町
坂口
小田
40
太野
鳥脇
野一色
北21 観音寺
石田山公園
石田山古墳
石田町
野一色東
間田
551
春照
弥高
北22 悉地院
間田
フレンドマート
観音寺
観音坂トンネル
朝日
伊吹高
伊吹山文化資料館
弥高川
365
ジョイいぶき
(伊吹野草の里文化センター)
509
市場
本市場
248
天満
高番
夫馬
531
大清水
八幡神社
新横山トンネル
鳥羽上町
19
池下
三島池
グリーンパーク山東
高番
551
杉澤
244
菅江
西山
北方北
加勢野
村木
244
長浜農高
北方
村木
大野木
天野川
北方
244
長岡
志賀谷
万願寺
JR東海道新幹線
長岡
近江長岡
長岡ゲンジボタル発生地
山室
大鹿
248
19
北23 徳源院
清滝
天野川
米原市
JR東海道本線
堂谷
清瀧寺京極家墓所
本郷
北畠具行墓
津島神社前
尾鼻山密厳院日光寺
一色
一色
21
伊吹PA
多和田
名神高速道路
即住寺
能登瀬
善性寺
醒井
実相寺
善仁寺
醒ヶ井
丹生川
下丹生
米原IC
天野川
松尾寺跡
河南
中山道
17
米原JC
17
北24 松尾寺
三吉
樋口
樋口
善覚寺
枝折
敬永寺
丹生川
醒井楼
醒井峡谷
神明神社
米原JCT
醒井養鱒場
米原市
西坂
実相寺
梓河内
⇩右記

北15 神照寺
北16 安楽寺
北17 知善院
北20 総持寺
北10 徳勝寺
北19 良疇寺
北26 西圓寺
北27 青岸寺
北25 蓮華寺
長浜市
琵琶湖
御館口
曽根口
曽根南
川道東
細江町
森町
新庄馬場町
新庄寺町
新庄中町
神照小東
北新町
神照町
神照運動公園
保田町
榎木町
口分田町
ジャスコ長浜ショッピングセンター
長浜IC
加納町
加納白山公園
山階町
川崎町
長浜北高
西上坂町
東上坂町
新栄町
南小足町
七条町
十里町
八幡中山町
八幡中山町
相撲町
祇園町
大井川
小堀町
梨木公園
三ツ矢町
神前町
西友
祇園町
列見町
末広町
大通寺
長浜赤十字病院
長浜八幡宮
八幡東町
アルプラザ
宮司北
宮司町
殿町
大宮町
黒壁美術館
豊国神社
鐘紡町
長浜
高田町
南高田町
豊受稲荷神社
湖北地域振興局
大東町
今川町
八条町
八条山公園
長浜城歴史博物館
豊公園
港町
三和町
長浜北星高
平方町
室町
成田美術館
四ツ塚町
弥高町
勝町
大辰巳町
永久寺町
北陸自動車道
松の岩公園
本庄町
常喜町
長浜港
平方南町
長浜新川
長浜バイパス
長浜高
大戌亥町
長浜病院
下坂浜町
高橋町
下坂中町
長浜青樹会病院
寺田町
加田町
神田山公園
神田溜
名越町
さいかち浜
滋賀文教短大
長浜バイオ大
田村
田村町
加田町
神田PA
加田今町
長浜ドーム
稲田寺
長沢
布勢町
小一条町
舟崎
土川
琵琶田川
近江母の郷
JR北陸本線
高溝
長浜トンネル
日撫神社
宇賀野
顔戸
顔戸南
日光寺
坂田
深光寺
世継
蛭子神社
世継
徳善寺
八幡神社
飯
大野川
箕浦
永福寺
新庄
蔵神社
明徳寺
岩脇
朝妻神社
稲荷神社
西円寺
寺倉
中嶋神社
朝妻筑摩
岩脇西
米原バイパス
真廣寺
上多良
願乗寺
中多良
米原高
入江橋
筑摩神社
下多良
米原
米原公園
米原
平和堂
湯谷神社
番場
0
1
2km

⇩92頁

湖北の風土

木村至宏

近江の異称に江州《ごうしゅう》がある。それにちなんで湖北の地域は、江南《ごうなん》に対して「江北《ごうほく》」と呼ばれていた。湖北という地域は、滋賀県の四つの区域名の中で最も知名度が高い。それにはいくつかの要因をあげることができる。まず地形的に北陸・東海・近畿の接点に位置し、それらを結ぶ交通の要所にあたっていた。なかでも戦国時代には、湖北を舞台に姉川《あねがわ》の合戦、賤ヶ岳《しずがだけ》の合戦が繰り広げられ、天下人をめざす武将たちの激しい戦乱が展開されたところである。そして、伊吹山系に水源をもつ高時《たかとき》川・姉川・天野川などによって開かれた平野部がある。人々の営みには、土地に対しての結びつきが濃密で、共同体意識も強い。

また、湖北の各霊場寺院は、奈良時代にその始源

賤ヶ岳古戦場（長浜市木之本町）。羽柴秀吉と柴田勝家が雌雄を決した戦国の史跡。世に言う賤ヶ岳七本槍の活躍もあって秀吉は勝利し、天下統一への一歩を大きく踏み出した。

をもつところが多い。ちなみに鶏足寺《けいそくじ》は、応永十四年（一四〇七）の「近江国伊香《いか》郡己高山《こだかみやま》縁起事《えんぎのこと》」によれば、奈良時代に行基《ぎょうき》菩薩、および白山《はくさん》を開いた泰澄大師《たいちょうだいし》によって開かれ、平安時代に比叡山延暦寺を創建した伝教大師《でんきょうだいし》最澄《さいちょう》が再建し、天台仏教文化の拠点となったとある。いわゆる、己高山仏教文化圏が形成されたのである。おそらく、ほかの湖北の各霊場寺院も少なからず、同様の系譜を有しているのではないかと推察できる。

さらに湖北では、平安時代に造立されたすぐれた十一面観音立像が集中していることは論をまたない。それらを含めて湖北の独特の風景が、井上《いのうえ》靖《やすし》（『星と祭』）・水上勉《みずかみつとむ》（『湖の琴』）・司馬遼太郎《しばりょうたろう》（『街道をゆく「近江散歩」』）・白洲正子《しらすまさこ》（『十一面観音巡礼』）など、多くの文学作品に登場していることも、湖北の認知度に比例するのかもしれない。

鶏足寺跡（長浜市木之本町）。古代、己高山一帯には一大仏教文化圏が形成され、鶏足寺は中でも主要寺院の一つであった。今日では多くの寺坊が廃墟と化したが、己高閣に伝わる仏像群に昔日の面影を見ることができる。

第二十七番
湖北第一番

大箕山《たいきざん》 菅山寺《かんざんじ》

真言宗

本尊 不動明王
開山 照檀上人
中興 菅原道真

[御詠歌]
菅公《かんこう》の山号ゆかし大箕山　きくもあおぐもともに尊し

当寺は、湖北の大箕山（標高四五七メートル）の頂上近くにある。縁起によれば天平宝字八年（七六四）、初代照檀《しょうだん》が、孝謙《こうけん》天皇の勅命をうけて建立された。その後、菅原道真が六歳から十一歳まで当寺で学び、寛平《かんぴょう》元年（八八九）、道真が三院四十九坊の寺院として復興し、寺号も菅原道真の一字をとって大箕山菅山寺に改めたという。

境内には本堂・護摩堂・如法経塔《にょほうきょうとう》・庫裏《くり》・鐘楼などがある。鐘楼には、鎌倉時代の建治《けんじ》三年（一二七七）刻銘のある立派な銅鐘（重文）が吊るされている。参道の両側には、苔むした石垣が数多く見られ、かつての大寺の足跡を物語る。山門横には、菅原道真お手植えと伝わる樹齢一千余年の欅《けやき》の大木（県天然）もある。

平安時代としてはめずらしい木心乾漆《もくしんかんしつ》造の十一面観音立像や、鎌倉時代の木造不動明王像などの寺宝類は、山下の里坊弘善館《こうぜんかん》に大事に保管されている。

（木村至宏）

拝観　山上伽藍境内自由
弘善館宝物拝観料
200円（事前予約要）

主な年中行事
4月25日　春季大祭
9月25日　秋季大祭
（ともに近江天満宮の大祭）

交通　JR木ノ本駅から余呉バス坂口下車、すぐに里坊弘善館。（山上伽藍へは徒歩45分）

所在　長浜市余呉町坂口
（朱印は弘善館で受付）

電話　0749-86-2451
（菅山寺保存会）

文化財・名所
菅原道真お手植えの欅（県天然）
銅鐘（重文）
近江天満宮
朱雀池
里坊弘善館
大赤鳥居

●地図56頁

第二十八番
湖北第二番

久澤山《きゅうたくざん》 全長寺《ぜんちょうじ》

曹洞宗

本尊 釈迦三尊
開山 頤正全養
中興 泰蟠道龍

［御詠歌］ 詣できて　たのむ心は浅くとも　たすけよちかひふかき池原

余呉《よご》湖の北部、池原集落の北はずれに建つ。寺伝によれば、文明元年（一四六九）、浄土宗の僧・全長（新堂出身）が池原村字新堂に阿弥陀如来を本尊とする一宇を建て、全長坊と称したのがこの寺のはじまりという。老境に至った全長は、大永六年（一五二六）、自らの死期を覚って禅宗に帰依して、椿坂村の曹洞宗桂照院の頤正全養《いしょうぜんよう》に自分亡き後の全長坊を託したという。慶長二年（一五九七）、頤正全養は全長の遺志に従い、全長坊を曹洞宗に転じ、寺号を久澤山全長寺と改めたと伝える。その後、第十世泰蟠道龍《たいばんどうりゅう》禅師が現在地に移し、中興の祖となった。寛政元年（一七八九）建立の入母屋《いりもや》造の本堂（県指定）と、翌年建てられた庫裏《くり》（市指定）の堂々としたさまは往時の面影をよくとどめている。

なお、境内の観音堂には、寄木造で色鮮やかな木造馬頭《ばとう》観音立像が安置されている。もとは字寺山にあった別所山万福寺（天台宗）の本尊と伝え、明治期に入り当寺に合併された。

（佐々木悦也）

●地図56頁

主な年中行事
4月8日　開山忌
8月8日　山門大施食会法要
8月10日　観音千日詣
10月5日　達磨忌

交通　JR木ノ本駅から余呉バス柳ヶ瀬線 今市下車、徒歩10分。

所在　長浜市余呉町池原885

電話　0749-86-2001

文化財・名所
本堂（県指定）
庫裏（市指定）
馬頭観音堂（旧万福寺）
十六羅漢像
達磨大画像

第二十九番
湖北第三番

塩谷山《えんこくざん》 洞壽院《とうじゅいん》

曹洞宗

本尊 釈迦三尊
開山 如(恕)仲天誾禅師

〔御詠歌〕 塩谷は 雪の白山 峯つづき 妙理の洞に福寿円満

この寺は、余呉《よご》町東部、丹生《にゅう》川上流の菅並《すがなみ》集落の村はずれ、通称「妙理の谷」に建つ。このあたりは四周を山に囲まれ、中国五台山に似た景勝の地として知られている。白山妙理権現《はくさんみょうりごんげん》の護法によって、塩泉が湧き出たという故事にちなみ「塩谷山」と号す。室町時代の応永十三年（一四〇六）、越前永平寺・能登總持寺の流れを汲む如仲天誾《じょちゅうてんぎん》禅師が開山し、曹洞宗中本山と称せられた。その後、如仲禅師の法孫・高弟達は、全国に三千余りの寺を建てたという。徳川家（家康・秀忠）が帰依したことから三十石の御朱印地であり、また京都の門跡尼寺・霊鑑寺宮家《れいかんじのみや》の尊崇を受けたことから、徳川葵紋・皇室菊紋を寺紋として許された。

山門・法堂《はっとう》・僧堂・衆寮・庫院・浴司《よくす》・東司《とうす》・納骨堂・鐘楼などを構え、精神性の高い森厳さを醸している。法堂には、朝鮮渡来と伝える釈迦三尊仏や、鎌倉期の大日如来坐像を安置する。また、六所神社境内の観音堂には、建保四年（一二一六）の墨書銘をもつ聖《しょう》観音立像（重文）も伝わっている。湖北唯一の参禅道場として、今なお法灯を守り継いでいる。（佐々木悦也）

●地図56頁

拝観料 300円（事前予約要）
参禅体験（要予約）座禅・写経・行茶・作務などの禅生活体験可能
交通 JR木ノ本駅から余呉バス丹生線 洞寿院下車すぐ。
所在 長浜市余呉町菅並492
電話 0749-86-2501
文化財・名所 妙理の里

第三十番
湖北第四番

己高山《ここうざん》 鶏足寺《けいそくじ》（己高閣《ここうかく》）

真言宗豊山派

本尊 十一面観世音菩薩
開山 行基菩薩

●地図59頁

木之本町東部に位置する己高山《こだかみ》は、近江国の鬼門にあたり、早くから山岳修験の聖地として信仰され、古代から中世にかけて数多くの社寺があった。その草創については、「己高山縁起」（県指定）に行基、泰澄《たいちょう》、最澄らの名が残され、平安時代以降は湖北における天台宗の一大拠点として隆盛を誇ったことがわかる。その後、己高山諸寺は廃寺となり、伝えられた仏像や寺宝は山麓に下ろされ、現在は古橋集落の与志漏《よしろ》神社境内に建つ二つの文化財収蔵庫（己高閣・世代閣《よしろかく》）と薬師堂・大日堂に収められ、総称して鶏足寺と呼ばれている。奈良時代にさかのぼる堂々とした旧戸岩寺《といわじ》本尊薬師如来立像（重文）、その眷属《けんぞく》である木心乾漆《もくしんかんしつ》造の作例十二神将立像三軀（重文）、鶏足寺の本尊十一面観音立像（重文）、旧法華寺の七仏薬師如来立像（県指定）、神仏習合《しんぶつしゅうごう》期の本地仏十所権現《ほんじぶつじゅっしょごんげん》像（県指定）などを伝え、まさに仏教文化財の宝庫である。また、古橋集落は石田三成の母親の郷里であり、関ヶ原合戦に敗れた三成はこの地に逃れたといい、匿《かくま》われていたと伝える岩窟も残されている。

（佐々木悦也）

［御詠歌］　こだかみは　みねみねあつむ　ほとけあり　おいもわかきも　てをぞあわさん

己高閣・世代閣拝観時間
午前9時～午後4時（月曜定休）

拝観料　500円

主な年中行事
3月7日前後の日曜　オコナイ
4月初丑の日　丑まつり
8月15日　盂蘭盆会
9月1日　八朔
9月7日　水害記念日
9月15日　燈明（献燈祭）

交通　JR木ノ本駅から湖国バス古橋下車、徒歩5分で己高閣。（鶏足寺跡へは徒歩10分）

所在　長浜市木之本町古橋

電話　0749-82-2784

文化財・名所
十一面観音立像（重文）
七仏薬師如来立像（県指定）
己高山縁起（県指定）
以上 己高閣収蔵
薬師如来立像・十二神将立像（ともに重文）
魚籃観世音立像・十所権現像（ともに県指定）
以上 世代閣収蔵

第三十一番
湖北第五番

己高山《ここうざん》 石道寺《しゃくどうじ》

真言宗豊山派

本尊 十一面観世音菩薩
開山 延法上人
中興 源照上人
近江西国第十一番札所

［御詠歌］　こけふかき　いしのみちでら　たずねきぬ　よよにくちせぬ　のりのしるしを

木之本町石道の集落の少し上に所在。寺伝によれば、当寺は己高山《こだかみ》五ヵ寺（観音寺・法華寺・石道寺・高尾寺・安楽寺）の一つで奈良時代に開かれたが、幾多の興廃をくりかえし、大正時代に現在地に移転したという。そのときに近くの旧高尾寺観音堂の諸仏もここに集められ、信仰厚い集落の人々によって今日まで代々守られている。また、旧伊香郡一帯の観音霊場、伊香西国三十三所の第三十三番結願札所でもある。

本堂の厨子《ずし》には、本尊の木造十一面観音菩薩立像（重文）が安置される。平安時代の作ながら、いまだに着衣に彩色の跡をとどめ、かたく結ばれた唇にも朱色を残し、その優しいお姿に心が動かされる。のちに胎内から一万体の如来の印仏が発見された。滋賀県を代表する一軀であり、井上靖の小説『星と祭』にも紹介されている。

このほか、鎌倉時代の堂々とした木造持国天《じこくてん》立像・木造多聞天《たもんてん》立像（ともに重文）、平安時代の木造十一面観音菩薩立像（県指定）が安置されている。

（木村至宏）

●地図56頁

拝観時間　午前9時～午後4時（拝観要予約）月曜・年末年始定休
拝観料　300円
主な年中行事　8月第一日曜　観音の里ふるさとまつり
交通　JR木ノ本駅から湖国バス井明神下車、徒歩15分。
所在　長浜市木之本町石道
電話　0749-82-3730
文化財・名所　十一面観音立像・持国天立像・多聞天立像（いずれも重文）
十一面観音立像（県指定）

第三十二番
湖北第六番

大浦《おおうら》 腹帯観音堂《はらおびかんのんどう》

天台宗

本尊 十一面腹帯観世音菩薩
開山 伝教大師最澄
中興 沙門連信

〔御詠歌〕 みちたりて　なをいのるらん　ちちははの　やすきすがたに　はるびかんのん

大浦湊は古来、北陸地方からの物資の集荷地として湖上交通（水運）の上で大きな役割を果たしてきた。集落の中ほどにある観音堂の本尊十一面観音は、通称「腹帯《はらおび》観音」と呼ばれ、安産祈願のホトケとして、民衆に親しまれてきた。腹部が肉付きよくふくよかにあらわされているため、安産の観音さまとして信仰されてきたのであろう。

寺伝によれば、十一面観音立像は最澄の作と伝え、その後荒廃し、佐々木氏によって再興され、八幡宮の奥の院観音堂に安置。さらに戦国時代の兵火の際には境内の蓮池に沈めて隠し、あやうく難をのがれたという。約九十年を経た寛文二年（一六六二）、観音の夢告《むごう》によって神職が池浚えをしたところ、泥中からこの像が発見されたという。近年、盗難に遭ったが、集落の人々の懸命な努力により無事お帰りになったことは、喜ばしいかぎりである。このほか、堂内には室町期の懸仏《かけぼとけ》が数面残されていることも見逃せない。

（佐々木悦也）

●地図57頁

拝観時間 午前9時～午後4時（現地到着次第、当番世話方へ電話にて拝観を申し出る。平日は事前予約要）
拝観料 志納
主な年中行事 1月上旬の日曜日　オコナイ　8月23日　地蔵盆
交通 JR永原駅下車、徒歩15分。
所在 長浜市西浅井町大浦
電話 0749-89-0727（世話方代表・小川俊之氏）
文化財・名所 十一面腹帯観音立像　石造五輪塔　水船

第三十三番
湖北第七番

浄光山等覚院　阿弥陀寺《じょうこうざんとうがくいん　あみだじ》

時宗

本尊　阿弥陀如来
開山　託何上人

［御詠歌］　てをあわせ　いのるこころはあみだじの　みだのほんがん　ただしんじつつ

菅浦《すがうら》は、竹生島《ちくぶしま》を眼前にする奥琵琶湖の葛籠尾《つづらお》半島に位置し、陸の孤島ともいえる「はなれ里」である。天平宝字八年（七六四）、恵美押勝《えみのおしかつ》（藤原仲麻呂）を後ろ盾としていた淳仁《じゅんにん》天皇が、押勝の乱の際にこの地に逃れたとの伝説があり、天皇を祭神とする須賀《すが》神社の裏手には、その墳墓と伝える舟型陵がある。また、集落の東西の入り口には四足門《しそくもん》が建ち、鎌倉時代の境界争いや当時の村落自治組織「惣《そう》」の様子を具体的に示す古文書が伝わるなど、中世の姿を今によく残している。

阿弥陀寺は、一遍の流れを汲む託何《たくが》上人の開基と伝える時宗寺院で、その草創は文和《ぶんな》二年（一三五三）にさかのぼる。秘仏の本尊阿弥陀如来立像（重文）は、足枘《あしほぞ》の墨書銘により、鎌倉時代の文暦《ぶんりゃく》二年（一二三五）、慶派仏師・行快《ぎょうかい》（快慶の弟子）の作であることが判明する。像内には造像にかかわる願文や結縁交名《けちえんきょうみょう》、和歌断簡などが納められていることも興味深い。

（佐々木悦也）

●地図 57頁

主な年中行事　2月17日・10月17日　大般若転読

交通　JR木ノ本駅・永原駅から湖国バス菅浦下車すぐ。

所在　長浜市西浅井町菅浦

電話　0749-89-1086（御朱印希望の場合は事前予約要）

文化財・名所　阿弥陀如来立像（重文）

第三十四番
湖北第八番

伊吹山《いぶきさん》 長尾寺《ながおじ》（惣持寺《そうじじ》）

真言宗豊山派

本尊 毘沙門天
阿弥陀三尊（惣持寺）
開山 慈照上人
中興 深宥上人
伊吹山四大護国寺

［御詠歌］　煩悩を降伏《ごうぶく》したまふ毘沙門天　御加護あらたか　伊吹の嶺に

かつて伊吹山は山岳信仰の聖地であった。その中心、伊吹山護国寺は、後に長尾・太平《たいへい》・弥《や》高《たか》・観音の伊吹山四大護国寺に分化し、それぞれ発展していった。伊吹山の麓、姉川をさかのぼると大久保の集落があり、その高台にこの寺は建つ。通称「伊吹山長尾護国寺」と呼ぶが、正式な寺号は「惣持寺」である。この寺はかつての四十九坊の内の一つ惣持坊であり、長尾護国寺の後身としてその由緒を伝える唯一の寺である。それゆえ、地域の人たちは現在も、この寺を長尾寺と呼んでいる。

現在この寺には、長尾護国寺の歴史を伝える遺品が残されている。「長尾護国寺」と墨書で大きく堂々と記された山門額（市指定）は室町時代のものである。木造天部形立像（県指定）は平安時代の作で、一見粗野で型にはまらない自由で奔放な原初的な作風を示している。毘沙門天立像（県指定）も平安時代の作であるが、怒りの表情や動勢を抑えた穏やかさに藤原彫刻の特徴がみられる。

（佐々木悦也）

●地図58頁

主な年中行事
3月30日　涅槃会
交通　JR近江長岡駅から湖国バス大久保下車、徒歩5分。
所在　米原市大久保1138
電話　0749-58-1141
文化財・名所
毘沙門天立像・天部形立像（ともに県指定）
長尾護国寺山門額（市指定）
長尾護国寺遺跡

第三十五番
湖北第九番

西野薬師堂《にしのやくしどう》

真宗大谷派
充満寺所属

本尊 薬師如来
十一面観世音菩薩
開山 宗信法師
中興 伝教大師最澄

［御詠歌］ みたされる　こころをこめてつらぬきぬ　みだのじひにて　かなうねがいぞ

西野は琵琶湖岸を南北に走る賤《しず》ヶ《が》岳《だけ》山系の東麓にある。この集落は江戸時代末期、水害から村と田畑を守るため、民衆が主体となって山を掘り抜き、排水トンネル「西野水道」を完成させた。

薬師堂には、平安時代作の堂々とした木造十一面観音立像と木造薬師如来立像（ともに重文）が安置されている。延暦《えんりゃく》年間（七八二〜八〇六）、最澄が湖北地方を訪れて己高《こだかみ》山を再興した際に、この二尊と薬師の眷属《けんぞく》十二神将を彫刻し、泉明寺と号したという。大友皇子《おおとものみこ》の後裔友則卿の祈願所として、またその子孫、西野丹波守家澄が菩提寺として庇護したという。その後の度重なる戦乱により荒廃したが、村人の篤い信仰によって守られてきた。薬師如来は、その標識である薬壺を持たず、阿弥陀来迎印を結んでいる。薬師とする根拠は村の言い伝えによるものである。しかし、両手先は後世の修理によって補われているため、当初の尊名を窺い知ることはできない。その構造・表現から見て平安時代中期の作と推測されること、当時この地方では己高山を中心に天台勢力が栄えたことなどを考え合わせると、やはり薬師如来とするのが妥当であろう。

（佐々木悦也）

●地図59頁

拝観時間 午前9時〜午後4時（現地到着次第、当番世話方へ電話にて拝観を申し出る）
拝観料 300円
主な年中行事 8月第一日曜 観音の里ふるさとまつり
交通 JR高月駅から高月コミュニティーバス西野下車すぐ。
所在 長浜市高月町西野1791
電話 0749-85-3767
文化財・名所 薬師如来立像・十一面観音立像（ともに重文）

第三十六番
湖北第十番

興福山《こうふくざん》 徳勝寺《とくしょうじ》

曹洞宗

本尊 釈迦牟尼仏
開山 通峰真宗
中興 龍山株源
浅井亮政・久政・長政三代菩提所

［御詠歌］ 三代の徳はまされり　あざいしを　しのぶこころで　結ぶ手のひら

良疇寺《りょうちゅうじ》（湖北第十九番・82頁）の北約五百メートルの住宅街に徳勝寺は建つ。小谷《おだに》城を居城として湖北地方を領した戦国大名浅井《あざい》氏の菩提寺として知られている。寺伝によれば、当初この寺は「医王寺」と号し、応永年間（一三九四～一四二八）、下山田村（現長浜市湖北町）に創立されたという。永正十五年（一五一八）、浅井初代亮政《すけまさ》が小谷城築城の際、この寺を小谷城下の清水谷に移して、浅井氏の菩提寺にしたと伝える。小谷城落城、浅井氏滅亡後は、羽柴秀吉によって長浜城下に移され、亮政の法号にちなんで「徳勝寺」と改称された。さらに、長浜藩主内《ない》藤信成《とうのぶなり》のときに田町へ移った後、享保三年（一七一八）に幕府と彦根藩によって現在地に移された。境内奥の墓地の中でもひときわ目立つ一角に、亮政、久政、長政の墓石が仲良く並んで建っている。このほか、秀吉が播磨《はりま》の書写山円教寺《しょしゃざんえんきょうじ》（兵庫県姫路市書写）から持ち帰ったと伝える薬師如来立像、亮政夫妻・長政夫妻の木像、秀吉や羽柴秀勝による寺領寄進状などを所蔵している。

（佐々木悦也）

●地図61頁

主な年中行事
3月18日　涅槃法要
8月18日　施食法要
9月1日　浅井家顕彰法要

交通　JR長浜駅下車、徒歩10分。
所在　長浜市平方町872
電話　0749-62-5774

文化財・名所
浅井三代墓所
浅井亮政夫妻・長政夫妻の木像
浅井久政自刃の刀

第三十七番
湖北第十一番

如意輪山《にょいりんざん》 小谷寺《おだにじ》

真言宗豊山派

本尊　如意輪観世音菩薩
開山　泰澄大師

［御詠歌］
こほくなる　おだにのしろのかたきこと　にょらいのちかい　いしにたとえん

北国脇往還《ほっこくわきおうかん》（現国道三六五号線）は、かつて北陸と東海地方を結ぶ主要街道であった。この道筋の伊部宿東方、小谷山の南麓に新義真言宗豊山派小谷寺は建つ。小谷寺は、戦国時代に湖北地方を領した大名浅井《あざい》氏とゆかりの深い寺として知られている。

寺伝によれば神亀二年（七二五）、泰澄《たいちょう》が訪れ、この山上に開いた小谷山六坊のうちの一つ常勝寺の由緒を伝えるという。のち、浅井氏の祈願所となり、小谷寺と改めた。小谷城落城、浅井氏滅亡の際に焼失したが、豊臣秀吉が再建して四十四石余を与えて庇護し、その後徳川氏も四十四石余を与えたという。

本尊は、静かな笑みをたたえる金銅製の如意輪観音半跏思《はんかし》惟《い》像（市指定）。このほか、弘長三年（一二六三）の銘を持つ孔雀文磬《くじゃくもんけい》（重文）や両界曼荼羅図（市指定）、豊臣秀吉朱印状などの古文書など、数多くの文化財を伝えている。（佐々木悦也）

●地図59頁

拝観料　200円

主な年中行事
1月1日　修正会
3月9日　山講法要（小谷神社）
3月　常楽会（涅槃会）
8月14日　盂蘭盆会・浅井長政墓前祭
11月　開山忌

交通　JR河毛駅から湖北町コミュニティーバス小谷城址口下車すぐ。

所在　長浜市湖北町伊部329

電話　0749-78-0257

文化財・名所
孔雀文磬（重文）
小谷城址
梵鐘

第三十八番
湖北第十二番

近江《おうみ》 孤篷庵《こほうあん》

臨済宗
大徳寺派

本尊 釈迦如来
開山 円恵霊通
小堀遠州菩提寺

［御詠歌］　にほのうみ　ふねをうかへて　たゝよへは　あめもまたよし　はれてなほよし

浅井の地は、相応《そうおう》和尚《かしょう》・海北《かいほう》友松《ゆうしょう》・片桐《かたぎり》且元《かつもと》・小堀《こぼり》遠州《えんしゅう》・小野《おの》湖山《こざん》などのすぐれた先人ゆかりの地である。坂田郡小堀村（現長浜市）で生まれた小堀遠州（政一）は、二十五歳の時、近江小室藩一万五千石を継ぎ、この地に居した。遠州は才に秀で、作事奉行として豊臣秀吉・徳川家康・秀忠・家光に仕え、大坂城本丸、仙洞《せんとう》御所、二条城、江戸城などの作事に関った。茶人として知られる遠州は、また当代有数の作庭家でもあり、全国に数多くの名庭・茶室を残している。

小室城址から少し離れたところに孤篷庵は建つ。この寺はまた、遠州寺とも呼ばれている。孤篷とは遠州の号であり、遠州亡き後、その子正之が父遠州の菩提供養と、小堀家家臣の修禅道場として建立したという。京都大徳寺には遠州自身が建てた孤篷庵があるため、当寺は近江孤篷庵と呼ばれている。昭和に改修された建物と庭園（県名勝）は遠州風に統一され、静かで美しい姿を示している。

（佐々木悦也）

●地図58頁

拝観時間 午前9時～午後4時
拝観料 300円（11月17日の開山忌は拝観不可）
主な年中行事 11月17日　開山忌・遠州忌
交通 JR長浜駅から紅葉の時期の土日祝日のみエスコートバス運行。
所在 長浜市上野町135
電話 0749-74-2116
文化財・名所 孤篷庵庭園（県名勝）　小堀一族の墓所

第三十九番

湖北第十三番

寂寥山《じゃくりょうざん》 大吉寺《だいきちじ》

天台宗

本尊 聖観世音菩薩
開山 安然上人
開基 浅井治家

［御詠歌］ わけいりて　たずねしひとのねがいごと　だいきちあらた　ささにりんどう

草野川の上流、野瀬の天吉寺《てんきちじ》山の山麓に建つ。かつては天吉寺山中にあったといい、現在も本堂や経堂・鐘楼などの跡地が残る。縁起によれば、大吉寺本尊の観音菩薩は、もと粟津（大津市）の天吉寺の本尊であったが、水害に遭って湖西の高島郡に漂着。土豪・浅井治家《あざいはるいえ》が流れ着いた観音像をすくい上げ、比叡山の僧安然《あんねん》（安円）の協力を得て、貞観《じょうがん》七年（八六五）、治家の妻の郷里である草野庄野瀬の地に寺を建て、安置したという。

『吾妻鏡《あずまかがみ》』には、平治の乱（一一五九）で敗れた源頼朝が東国に逃れる際、草野定康《くさののさだやす》によって大吉寺の天井に匿《かくま》われたことが記され、頼朝はその後この寺を庇護したといい、頼朝の供養塔と伝わる建長三年（一二五一）銘の石造宝塔も残されている。頼朝の意を受けて始められたと伝える虫供《むしく》養放生会《ようほうじょうえ》は、八百年の時を越え、今なお厳格に受け継がれている。また、叡山中興の祖と称された第十八代座主《ざす》慈恵大師《えだいし》良源《りょうげん》（元三《がんざん》大師）は、その母が当寺の観音に祈願して授かったといわれ、「観音菩薩の化現」「伝教大師の再来」として崇められた。

（佐々木悦也）

●地図58頁

主な年中行事
9月敬老の日　虫供養放生会

交通　JR長浜駅から湖国バス野瀬下車、徒歩15分。

所在　長浜市野瀬町217

電話　0749-76-1051

文化財・名所
聖観音立像・阿弥陀如来立像・地蔵菩薩立像・元三大師坐像（いずれも市指定）
覚道上人入定塚
源頼朝供養塔
大吉寺本坊跡（県史跡・天吉寺山頂上）

第四十番
湖北第十四番

神護山《じんござん》　醍醐寺《だいごじ》

真言宗豊山派

本尊　不動明王
中興開山　覚遍上人

［御詠歌］　弥陀仏の世界を尋ね聞きたくば　藤の林の寺へ参れよ

草野川にそそぐ大谷川の上流に醍醐の集落はある。山手の醍醐寺は、下草野五山の一つに数えられ、役行者《えんのぎょうじゃ》によってその基盤が作られたといわれ、平安時代後期、後白河天皇の時代に寺観が整ったという。下って南北朝時代、足利尊氏・直義兄弟が湖北で争った際には、この寺が尊氏軍の本陣となった。文亀元年（一五〇一）、紀州根来寺《ねごろじ》（和歌山県岩出市根来・新義真言宗総本山）の覚遍《かくへん》が訪れて再興し、四十九の坊舎を数えるほどの大寺であったといい、現在もその名残として塔頭《たっちゅう》玉泉寺のほか岩本寺跡も残されている。

本尊は、奥の院に伝わってきた不動明王立像。このほか、運慶作と伝わる張りのある若々しい姿の写実的な鎌倉時代の毘沙門天立像（重文）、同じく鎌倉時代の仏画類、類例の少ない木製の彩色阿字華鬘《けまん》（県指定）、覚遍が所持したと伝える室町期の錫杖《しゃくじょう》など、数多くの文化財を伝えている。なお、境内から西の方を見ると、田園地帯の向こうに遠く奥琵琶湖を望むことができ、意外な光景にも魅了される。

（佐々木悦也）

●地図58頁

主な年中行事
毎月28日　護摩法要
交通　JR長浜駅から湖国バス東野下車、徒歩10分。
所在　長浜市醍醐町205
電話　0749-74-1776
文化財・名所
毘沙門天立像（重文）
彩色阿字華鬘（県指定）

第四十一番
湖北第十五番

日出山《ひのでさん》 神照寺《じんしょうじ》

真言宗智山派

本尊 金剛界大日如来
開山 本覚大師益信
中興 実雄上人
宇多天皇勅願所

［御詠歌］ いじんむこ　はぎのてるみちおくにます　みほとけまもる　ひびのあけくれ

神照寺は、湖北地方では数少ない京都市東山の智積院《ちしゃくいん》を本山とする新義真言宗智山派の寺院である。寺伝によれば、寛平《かんぴょう》七年（八九五）、宇多天皇の勅願によって、天皇の師僧益信《やくしん》（本覚大師）が開創し、七堂伽藍を整備し三百の僧坊を備えた巨刹であったという。観応《かんのう》二年（一三五一）の足利尊氏・直義兄弟による争いの際には、この寺で尊氏が仮泊したという。その後、寺運は盛衰を重ねたが、長浜城に入り湖北を治めた羽柴秀吉によって復興され、天正六年（一五七八）には寺領として百六十四石を寄進して、朱印状が附与された。本尊は金剛界の大日如来坐像（市指定）。寺宝は多く伝わり、ヒノキの一枚板から彫成した非常に珍しい平安時代の半肉彫千手観音立像、木造毘沙門天立像（ともに重文）、平安・鎌倉時代の金銀《きんぎん》鍍透彫華籠《とすかしぼりけこ》十六枚（国宝）、室町時代の金銀透彫華鬘《けまん》十一枚（重文）など数多くのすぐれた文化財を伝えている。また、客殿の南側に広がる小堀遠州《こぼりえんしゅう》作と伝える池泉観賞式庭園や、秋には境内いっぱいに咲く萩も見逃せない。

（佐々木悦也）

●地図61頁

拝観時間
午前9時～午後4時30分
拝観料 300円
主な年中行事
3月15日　涅槃会
4月29日　神照稲荷春季大祭
8月10日　千手観音千日会
9月7～25日　はぎまつり
交通 JR長浜駅から湖国バス神照寺前下車すぐ。
所在 長浜市新庄寺町323
電話 0749-62-1629
文化財・名所
金銀鍍透彫華籠（国宝）
半肉彫千手観音立像・毘沙門天立像（ともに重文）
金銅透彫華鬘（重文）
伝浅井長政念持仏 不動明王立像（県指定）
その他寺宝多数

第四十二番
湖北第十六番

無為山《むいざん》 安楽寺《あんらくじ》

臨済宗
妙心寺派

本尊 釈迦如来
開山 山叟慧雲（仏智禅師）

●地図61頁

拝観時間 午前8時～午後6時（4月から10月） 午前9時～午後5時（11月から3月）
拝観料 300円
主な年中行事 8月10日 千日詣例祭 11月初旬 菊まつり
交通 JR長浜駅から湖国バス曽根口下車、徒歩5分。
所在 長浜市細江町105
電話 0749-72-2381
文化財・名所 足利尊氏爪墓 安楽寺庭園 仙厓禅師六曲屏風

【御詠歌】 あんどして　ごくらくのみち　たづぬれば　みじかにおわす　びわのきしべに

長浜から北国《ほっこく》街道を北上すると、街道筋に細江の集落がある。『日本霊異記《りょういき》』にみえる「坂田遠江」とは当地のことで、細江はその遺称であるという。松並木の参道を北に進むと、臨済宗妙心寺派の安楽寺が建っている。このあたりは奈良時代には藤原不比等《ふじわらのふひと》の別荘地であったといい、弘安二年（一二七九）、九條家が無為（平和）を祈願して寺を建て、京都東福寺第五世山叟慧雲《さんそうえうん》（仏智禅師）を迎え、安楽精舎と呼ばれたのをはじまりとする。その後、室町幕府足利氏の庇護を受けたが戦国時代の兵火により堂宇は焼失。江戸時代に入り、彦根藩第二代藩主井伊直孝の庇護のもと、井伊家の菩提寺である彦根佐和山龍潭寺《りょうたんじ》（湖東第二番・101頁）の第二世万亀によって再興された。足利尊氏の師僧夢窓疎石《むそうそせき》の作と伝える五百平方メートルにおよぶ池泉回遊式庭園は、古樹・大樹・石組みなど見事の一語に尽き、湖北地方屈指の名庭といえよう。また境内には、尊氏の遺命によってその爪を当寺に納めたという爪墓も残されている。

（佐々木悦也）

第四十三番
湖北第十七番

宝生山勝安寺《ほうしょうざんしょうあんじ》 知善院《ちぜんいん》

天台真盛宗

本尊 阿弥陀如来
中興開山 舜慶和尚

［御詠歌］ ちちははのぜんせのちぎり　いまここに　かんのんすくい　たゆることなく

知善院は、かつて小谷《おだに》城下の大谷の地にあったという。浅井《あざい》氏の小谷城を攻略した織田信長は、湖北地方を羽柴秀吉に治めさせた。秀吉は今浜（現長浜）の地に城を築く際、城の鬼門守護のために知善院を当地に移したと伝える。秀吉の信任は厚かったようで、本尊の阿弥陀如来立像と観音・勢至《せいし》両菩薩立像（伝日光・月光《がっこう》）の三尊（いずれも市指定）は、天正六〜七年（一五七八〜七九）の中国攻めの際、播磨《はりま》の書《しょ》写山《しゃざん》円教寺《えんきょうじ》（兵庫県姫路市書写）から持ち帰り、この寺に寄進したものと伝える。また、須弥壇《しゅみだん》左に祀られている秀吉の木像（市指定）は、大坂城落城の際に城内から救い出され、当寺に納められたといい、別名豊国大明神と称されている。長浜城下の人々が、徳川の世にはばかりながらも、良政を施した秀吉への恩義を忘れず、密かに崇敬し続けてきたことの証左であろう。観音堂には、運慶作と伝える鎌倉時代の十一面観音坐像（重文）が安置されている。肉身部は粉溜、着衣部は漆箔によって仕上げられ、若々しく張りのある生動感あふれる優品といえよう。

（佐々木悦也）

●地図 61頁

拝観時間 午前9時〜午後4時
拝観料 300円
主な年中行事 8月9〜10日 千日会
交通 JR長浜駅下車、徒歩10分。
所在 長浜市元浜町29-10
電話 0749-62-5358
文化財・名所 十一面観音菩薩坐像（重文） 阿弥陀三尊像・豊臣秀吉坐像（いずれも市指定） 表門（旧長浜城搦手門）

第四十四番
湖北第十八番

竹生島巌金山《ちくぶしまがんこんざん》 宝厳寺《ほうごんじ》

真言宗豊山派

本尊　弁才天
千手千眼観世音菩薩
開山　行基菩薩
西国観音霊場第三十番札所
神仏霊場滋賀第六番札所
近畿楽寿観音第三十三番札所

［御詠歌］　月も日も　波間に浮かぶ　竹生島　舟に宝を　積むここちして

竹生島（国名勝・史跡）は琵琶湖の北辺に位置し、花崗岩からなる周囲約二キロメートルの島である。四方は切り立った断崖で、島の東南部に一ヶ所だけ船着場がある。宝厳寺への参拝はここから始まり、弁才天本堂まで百六十七段の石段を登る。

寺伝によると、神亀元年（七二四）に聖武天皇は、竹生島こそ弁才天降臨の聖地であるとの天照大神の神託を受けられたという。天皇は僧行基を遣わされ、弁才天像を第一宝殿に、千手観音像を第二宝殿に安置した。以来、信仰の島として崇められ、弁才天は日本三弁才天の一に数えられ、千手観音は西国三十三所第三十番札所として崇敬された。伝教大師最澄や弘法大師空海も来島修行したといわれ、天台宗の寺院として栄えたが、永禄元年（一五五八）の火災で多くの伽藍を失った。現在の伽藍に復興したのは豊臣秀頼で、慶長七年（一六〇二）に京都の豊国廟《ほうこくびょう》から移されたという唐門（国宝）と観音堂（重文）は、桃山時代の重厚にして絢爛豪華な姿を今に伝えている。また、明治の神仏判然令で分離された都久夫須麻《つくぶすま》神社本殿（国宝）へとつながる舟廊下（重文）も、豊臣秀吉の御座船「日本丸」の船櫓を利用して建てられたものであるという。

（木村至宏）

●地図57頁

拝観時間
船便運行時間入山可
入島料　400円
（竹生島奉賛会）

主な年中行事
1月1～4日　修正会
2月2～4日　星祭り（節分会）
7月最終日曜　祈願祭（仏餉会）
8月15日　蓮華会
10月20日　蚕糸祭

交通　JR長浜駅から長浜港まで徒歩10分。琵琶湖汽船下船すぐ。彦根港、近江今津港よりも船便あり。

所在　長浜市早崎町1664

電話　0749-63-4410

文化財・名所
唐門（国宝）
観音堂・舟廊下・石造五重塔（いずれも重文）
法華経序品・空海請来目録（ともに国宝）
その他寺宝多数

第四十五番
湖北第十九番

平安山《へいあんざん》 良疇寺《りょうちゅうじ》

臨済宗
妙心寺派

本尊 阿弥陀如来
開山 天山和尚
開創 北条時頼
開基 佐々木道倫
通称 びわ湖大仏

［御詠歌］　りょうしんの　かしゃくのねんにからるとも　ちゅうどうあゆめ　ほとけにすがりて

琵琶湖岸の湖周道路沿いにひときわ目を引く大きな阿弥陀如来像が立っている。通称「びわ湖大仏」「下坂《しもさか》の大仏さん」である。この寺は、弘長二年（一二六二）、佐々木道倫の開基によって、天山和尚が開いたと伝える。湖畔を通る北国《ほっこく》街道の景勝地に位置することから、文人墨客もしばしばこの寺を訪れ滞在したという。鎌倉幕府第五代執権北条時頼《ほうじょうときより》もこの寺に来泊し、その礼として阿弥陀三尊像を寄進し、また佐々木氏に命じて永久寺村方三町の田を与えたと伝える。かつては三町四方という広大な寺領を有して栄えたが、江戸時代初期（一説に室町中期ともいう）の地震により、その三分の二が陥没して琵琶湖に沈み、寺領の多くを失って寺勢も衰退したという。その後、宝永年間（一七〇四～一一）、彦根龍潭寺《りょうたんじ》（湖東第二番・101頁）の僧粋岩《すいがん》が再興したと伝える。なお、現在の大仏は二代目である。初代は昭和十二年（一九三七）に開創七百年を記念してコンクリート製の像を造立したが、半世紀を経て傷みが進んだため、平成に入り銅製の像が完成した。

（佐々木悦也）

主な年中行事
10月最終日曜　大仏法要
12月第一日曜　開山忌
交通　JR長浜駅下車、徒歩25分。
所在　長浜市下坂浜町86
電話　0749-62-1770
文化財・名所
びわ湖大仏
松尾芭蕉句碑

●地図 61頁

第四十六番
湖北第二十番

医王山《いおうざん》 総持寺《そうじじ》

真言宗豊山派

本尊 薬師如来
開創 行基菩薩
開山 実済法印
西国薬師第三十一番札所
後花園天皇勅願所

［御詠歌］ ぼうたんの花に立ちます瑠璃光に　はぐくまれゆく総持のこころ

長浜駅から東へ二キロメートル進んだ宮司《みやし》町に総持寺が建つ。薬師如来を本尊とし、医王山と号す。寺伝によれば、天平年間（七二九〜四九）に行基が訪れ、近江国分寺の試寺として創建されたという。その後、永享二年（一四三〇）、実済《じっさい》が足利義教《よしのり》の御教書を得て再興したと伝え、同五年には、後花園天皇の勅願所として総持寺の寺号を賜ったという。以降、京極氏、浅井《あざい》氏、小堀氏など湖北地方の有力武将たちから帰依され、代々寄進を受けて栄えたと伝える。戦国期には、兵火により焼失の憂き目にあったが、豊臣秀吉、次いで徳川家康から寺領を安堵され、幕末まで彦根藩井伊家の手厚い庇護を受けた。本尊の薬師如来は、賤ヶ岳《しずがだけ》合戦ゆかりの像といい、余呉《よご》坂口山上の菅山寺（湖北第一番・64頁）から遷されたと伝える。「頭の薬師」として信仰を集め、彦根四代藩主・井伊直興《なおおき》も厨子・須弥壇《しゅみだん》を寄進している。このほか、平安後期の聖《しょう》観音立像、鎌倉期の絹本著色の愛染明王坐像（ともに重文）など多くの文化財を伝えている。また境内には、百余種のボタンがあり、ボタン寺と呼び親しまれている。

（佐々木悦也）

●地図 61頁

拝観時間（事前予約要）
午前9時〜午後4時30分
庭園・文化財拝観料 300円
（ボタン開花期は予約不要　入山料 300円）
主な年中行事
4月29日〜5月10日 ぼたんまつり
7月28日 土用薬師護摩供
交通 JR長浜駅から湖国バス宮司北下車すぐ。
所在 長浜市宮司町708
電話 0749-62-2543
文化財・名所
聖観音立像（重文）
千手観音立像（市指定）
絹本著色愛染明王像（重文）
仁王門（県指定）
総持寺庭園（県名勝）

第四十七番
湖北第二十一番

伊富貴山《いぶきさん》 観音寺《かんのんじ》（かんのんごこくじ）

（観音護国寺） 天台宗

本尊 千手観世音菩薩
開山 安祥上人（三修沙門）
近江西国第十二番札所
秀吉・三成出会いの地
伊吹山四大護国寺

［御詠歌］ ねがゑひと なにしあふみのいぶきやま ほとけのまもるくにのさかゑを

近江と東海を見下ろす伊吹山は、古代より荒ぶる神として人々に畏敬されてきた。平安時代にはここに伊吹山護国寺が興り、鎌倉期にかけて長尾護国寺・太平《たいへい》護国寺・弥高《やたか》護国寺・観音護国寺の伊吹山四大護国寺に分化し、それぞれ発展していった。寺伝によれば、宝亀年中（七七〇～八〇）、三修によって開かれたといい、かつては伊吹山中にあったが、正元年間（一二五九～六〇）に山を下りて現在地に移り、大原庄の地頭佐々木氏の庇護を受けて堂舎は整えられたと伝える。戦国期には浅井《あざい》三代から保護を受け、浅井氏滅亡後は長浜城主羽柴秀吉の信を受け、秀吉はたびたび訪れたという。当時、山を越えた石田村（現長浜市石田町）出身の佐吉（石田三成）が寺小僧として入寺しており、秀吉に茶を出した「三碗の才」によってその才智を見出されたエピソードはあまりにも有名。本尊は千手観音菩薩立像。このほか、貞応三年（一二二四）の銘を持つ伝教大師坐像（重文）、鎌倉以降の伊吹山諸寺の情勢を伝える大原観音寺文書など、すぐれた文化財を今日に伝えている。

（佐々木悦也）

●地図60頁

主な年中行事
1月1日 本尊開扉新春法要
8月10日 千日会

交通 JR長浜駅から湖国バス観音寺前下車、徒歩5分。

所在 米原市朝日1342

電話 0749-55-1340

文化財・名所
本堂・鐘楼・山門（いずれも重文）
伝教大師坐像（重文）
石田三成三碗の茶 所縁の井戸
後鳥羽天皇腰掛石

第四十八番
湖北第二十二番

伊吹山護国寺《いぶきさんごこくじ》 悉地院《しっちいん》

真言宗豊山派

本尊 十一面千手観世音菩薩
開山 役行者
伊吹山四大護国寺

【御詠歌】 みねたかく　ことごとくしる　あらたなる　おくのいぶきに　はゆるほんどう

悉地院は、かつて栄えた伊吹山四大護国寺のうちの弥高《やたか》護国寺の由緒を伝える唯一の寺院。弥高寺は白鳳二年、役行者《えんのぎょうじゃ》によって開かれたと伝えるが詳細は明らかではない。その後、白山を開いた泰澄《たいちょう》がこの山に入ったという。当時、弥高寺は南都興福寺末に属しており、文武《もんむ》天皇の勅願所であったともいう。仁寿《にんじゅ》二年（八五二）、弥高寺は三修によって再興され、また三千石が与えられ、多くの坊舎の中で、悉地院はその学頭を務めるなど中心的な役割を果たしていたと考えられる。後醍醐天皇の時代には、中宮藤原禧子《きし》皇子御産祈祷所にも選ばれ、柏原庄・伊吹庄の地頭佐々木氏・京極氏累代の厚い庇護を受けた。しかし室町時代後半から戦国期にかけては、伊吹山四ヶ寺の内紛、宿坊の支配権争い、佐々木・京極氏の内紛、近江守護佐々木六角氏による湖北征伐などにより、伊吹諸寺は大きな被害をこうむった。ことにこの寺は織田信長によって壊滅的な打撃を受け、伊吹山西麓に移転。江戸期以降は、長浜総持寺の客末に入り、五ヶ院家として遇され、明和五年（一七六六）、現在地に至る。まさに波瀾万丈、栄枯盛衰の歴史をくぐり抜け、弥高寺の法灯を今に伝えている。

（佐々木悦也）

●地図60頁

主な年中行事
1月1日　修正会
3月　涅槃会
8月　施餓鬼会

交通　JR近江長岡駅から湖国バス ジョイ伊吹下車、徒歩15分。

所在　米原市上野1

電話　0749-58-0531

文化財・名所
弥高護国寺跡（県史跡）
伊吹山

第四十九番

湖北第二十三番

霊通山清瀧寺《れいつうざんせいりゅうじ》 徳源院《とくげんいん》

天台宗

本尊 聖観世音菩薩

開基 佐々木氏信

京極家歴代墓所

［御詠歌］あおぎみて　きよきながれのたきのふち　とくをしたいて　みなもとたずね

中山道柏原宿の西方、清滝《きよたき》集落の西はずれに徳源院はある。本尊は聖《しょう》観音菩薩立像。開基は近江源氏佐々木京極《きょうごく》氏の初代氏信。氏信の法号が清瀧寺《せいりゅうじ》殿であることから、清瀧寺とも称されている。また氏信は弘安九年（一二八六）、自らの没後の菩提を弔うため、田畑を寄進したことを示す文書が伝わっている。以後、この寺は佐々木京極氏の菩提寺となった。境内には、初代の氏信をはじめとする、鎌倉時代から連綿と続く京極氏歴代当主の宝篋印塔《ほうきょういんとう》三十四基が整然と立ち並んでいる。これだけの数の墓塔が並ぶさまは、他では見られない光景である。これらを含めた墓所全域は、清瀧寺京極家墓所（国史跡）として保護されている。境内に建つ小ぶりの三重塔（県指定）は柿葺《こけらぶき》。寛文十二年（一六七二）、四国丸亀城主の二十二代京極高豊《たかとよ》が丸亀城下から移築したといい、塔内には如意輪観音像が安置されている。

（佐々木悦也）

●地図60頁

拝観時間
午前9時～午後4時

拝観料 300円

主な年中行事
2月2日　節分会
4月29日　京極家先祖供養

交通 JR柏原駅下車、徒歩30分。

所在 米原市清滝288

電話 0749-57-0047

文化財・名所
三重塔（県指定）
京極家墓所（国史跡）
徳源院庭園（県名勝）
道誉桜
北畠具行墓（国史跡・南方800メートル）

第五十番

湖北第二十四番

普門山《ふもんざん》 松尾寺《まつおじ》

天台宗

［御詠歌］　紫の雲の上よりきますてふ　仏の迎ひ松の尾の寺

松尾寺は、醒井養鱒場《さめがいようそんじょう》から北へ約一キロメートル登った松尾山中にあった。天武天皇九年（六八〇）、役行者《えんのぎょうじゃ》の開創と伝える。平安時代前期、伊吹山寺を開いた三修の三人の高弟（敏満童子、名越童子、松尾童子）のうち松尾童子が松尾寺を中興したという。また、神護景雲《じんごけいうん》三年（七六九）に、僧宣教《せんきょう》が霊山七ヵ寺を建立した、その一ヵ寺であるともいう。戦国時代に焼失したが、江戸時代に彦根藩井伊家の庇護で再建され、五十余の僧坊を構え栄えたという。人里離れた奥山のため、

昭和三十年代に収蔵施設を山麓の松尾寺政所《まんどころ》に移設し、山中には本堂が残されていたが昭和五十六年（一九八一）の豪雪により倒壊した。山中には曼荼羅堂と文永七年（一二七〇）の刻銘を持つ石造九重塔（重文）などが残されている。現在、山麓に本堂再建の計画が進行中である。

秘仏の本尊は雲中より飛来されたという観音二体（十一面観音・聖観音）で、「飛行観音」の愛称で親しまれ、海外渡航者や航空関係の人たちの篤い信仰を集めている。

（佐々木悦也）

本尊　空中飛行観音（聖観世音菩薩・十一面観世音菩薩）

開山　役行者

中興　松尾童子・宣教

近江西国第十三番札所

●地図60頁

主な年中行事

1月8日　不動尊護摩供

6月18日　鱒・鳥獣供養

7月2日　三蔵会（霊仙三蔵様の日）

毎月18日　観音様の日法要

交通　JR醒ヶ井駅から湖国バス醒井養鱒場下車、徒歩3分。（山上へは、さらに徒歩40分。）

所在　米原市上丹生2054（醒井楼）

電話　0749-54-0120
0749-54-0002

文化財・名所

石造九重塔（重文）

鰐口（重文）

絹本著色観経曼荼羅図（県指定）

聖観音立像（市指定）

天狗の爪・馬の角

醒井七湧水

霊仙三蔵記念堂

醒井養鱒場

松尾寺直営 虹鱒料理・醒井楼

湖北

第五十一番
湖北第二十五番

八葉山《はちようざん》 蓮華寺《れんげじ》

浄土宗本山

本尊 釈迦如来
阿弥陀如来
開山 聖徳太子
改称開山 一向俊聖
南北朝古戦場

[御詠歌] はちすいけ　ひながまわりてごくらくの　さとりひらけしはなのさくごと

中山道番場《ばんば》宿に蓮華寺は建ち、阿弥陀如来と釈迦如来の二尊（ともに市指定）を本尊とする。寺伝によれば、推古天皇二十三年（六一五）、聖徳太子が伽藍を創建し、法隆寺と称されていたという。のちに法相《ほっそう》宗の憲宗が寺観を整備したが、建治《けんじ》二年（一二七六）、雷災に遭い堂塔伽藍はことごとく焼失したと伝える。その後、日光山玄海阿闍梨《にっこうさんげんかいあじゃり》の弟子、畜能《ちくのう》・畜生《ちくしょう》の二人が草堂を建て、「番場の辻堂」と呼ばれたという。弘安七年（一二八四）、北陸遊行中の一向俊聖《いっこうしゅんしょう》が当地を訪れ、住僧畜能・畜生の厚意と箕浦《みのうら》庄地頭土肥元頼《どいもとより》の帰依を受け、堂舎を再興し蓮華寺を創建したと伝える。以来、番場の辻堂は「一向堂」と呼ぶようになったという。弘安七年の銘を持つ梵鐘（重文）には、さきの住僧二人の名と大檀那沙弥道日の名がみえる。道日とはつまり鎌刃《かまのは》城主土肥元頼のことである。元弘三年（一三三三）、足利尊氏は後醍醐天皇を奉じて六波羅探題北条仲時《ろくはらたんだいほうじょうなかとき》を攻め、仲時以下四百三十余名がことごとく一向堂前で自刃したという。蓮華寺の同阿上人が彼らの菩提を弔うため、討ち死に自刃者の俗名・法名・行年を記したのが「陸波羅南北過去帳《ろくはらなんぼくかこちょう》」（重文）である。（佐々木悦也）

●地図61頁

拝観時間 午前8時30分～午後5時（冬期は午後4時30分まで）
拝観料 300円
主な年中行事
1月25日　法然上人忌
2月5日　聖徳太子忌
2月25日　斎藤茂吉忌
3月18日　御忌会
6月第一日曜　北条仲時忌
7月24日　忠太郎地蔵会
8月18日　土肥元頼忌
11月18日　一向上人忌
交通 JR米原駅から湖国バス蓮華寺下車、徒歩5分。
所在 米原市番場511
電話 0749-54-0980
文化財・名所
阿弥陀如来立像・釈迦如来立像（ともに市指定）
梵鐘（重文）
陸波羅南北過去帳（重文）
一向上人廟
北条仲時主従の供養墓碑
宝篋印塔（土肥元頼墓・市指定）
番場忠太郎地蔵尊

第五十二番
湖北第二十六番

大雄山《だいおうざん》 西圓寺《さいえんじ》

黄檗宗

本尊 聖観世音菩薩
開山 仁空実導
中興 桂崖丹禅師
通称 龍の寺

［御詠歌］ 夜もすがら心を照らす山の端《は》の　西にも月の円《まど》かなるらん

黄檗《おうばく》宗西圓寺は、国道八号線と二一号線の分岐から南へ約五百メートルの場所に建つ。本尊は聖《しょう》観音菩薩立像（市指定）。このあたりは保元年間頃（一一五六～五九）、箕浦《みのうら》荘が成立した。くだって観応《かんのう》年間（一三五〇～五二）、当地の土豪今井氏の流れを汲む遠俊が出家して雲西と号し、当時学僧として知られた仁空実《にくうじつ》導《どう》を開山として迎え、西圓寺を創建したという。山号の大雄《だいおう》は、釈迦の尊称である。開山仁空は若くして叡山に学び、天台教学を修めるかたわら、浄土教学にも造詣深く、多くの著作を残し、天台・浄土・円頓《えんどん》・密教の四宗の教学を修めた大学僧として尊崇された人物である。

創建当初は天台宗であったが、西圓寺は六つの院坊からなり、本坊は今の西圓寺で聖観音菩薩を本尊とし、東坊《とうぼう》は第五代導祐《どうゆう》が蓮如に従って浄土真宗に改宗した浄宗寺で阿弥陀如来を本尊とする。本坊西圓寺は戦国時代、兵火に罹ったが、延宝元年（一六七三）、彦根藩家老職の広瀬氏が一族の黄檗僧を迎え再興されたという。

（佐々木悦也）

●地図61頁

主な年中行事
8月最終日曜　大施餓鬼法要竹彩燈篭会

交通　JR米原駅下車、徒歩25分。

所在　米原市西円寺661

電話　0749-52-5168

文化財・名所
聖観音立像（市指定）
本堂大龍天井画
双龍門
今井氏墓所

第五十三番
湖北第二十七番

吸湖山《きゅうこざん》 青岸寺《せいがんじ》

曹洞宗

本尊 聖観世音菩薩
開山 佐々木京極道誉
中興 青岸宗天（伊藤五郎助）

〔御詠歌〕　せいしょうの　いのちたくまし　とこしえに　はつることなく　きしのみてらに

青岸寺は、ＪＲ米原駅から東へ約五百メートルの場所に建つ。本尊は、永和二年（一三七六）在銘の胎内仏を蔵する聖《しょう》観音菩薩立像（県指定）。寺伝によると、延文年間（一三五六～六一）、近江守護佐々木京極道誉《ささききょうごくどうよ》により米泉寺として創建され、道誉自ら書写した「法華経」八巻の最後の巻（太尾）をこの寺に奉納し、祈願所としたという。その後、永正元年（一五〇四）の兵火に遭って荒廃したが、江戸時代に入り、第三代彦根藩主井伊直澄《なおずみ》が再興し、青岸寺と改称したと伝える。背後の太尾山をうまく借景にした枯山水庭園（国名勝）は見事である。この庭は、延宝六年（一六七八）、当寺三世興欣《こうきん》の代に、彦根の楽々園などを手がけた彦根藩士香取氏による作庭。香取氏は興欣のもとに参禅していた間柄で、興欣はその作庭にあたっての意図、一石一樹の意味、込められた願いなどを「築園記」に書き残している。三百年を経た今も、庭を見る一人一人の心に、彼のその思いは受け継がれ息づいている。

（佐々木悦也）

●地図 61頁

拝観時間 午前9時～午後5時
拝観料 300円
主な年中行事 9月連休中　虫の音を聞く会（ライトアップ）
10月上旬　米原曳山祭（湯谷神社）期間中野点
交通 ＪＲ米原駅東口下車、徒歩7分。
所在 米原市米原669
電話 0749-52-0463
文化財・名所 聖観音坐像（県指定）
十一面観音立像（市指定）
青岸寺庭園（国名勝）

近江湖東二十七名刹霊場案内

写真■長命寺参道

⇧61頁

0
1
2km
琵琶湖
米原市
彦根市
甲良町
多賀町
東1 長寿院
東2 龍潭寺
東3 清凉寺
東4 長久寺
東5 北野寺
東6 天寧寺
磯クリニック
磯漁港
磯
磯崎神社
入江
入江神社
梅ヶ原栄
梅ヶ原
甲田町
JR 琵琶湖線(東海道本線)
フジテック前
宮田町
下矢倉町
擂針峠(磨針峠)
神明宮
松原町北
松原町
中山道
弁天山
井伊神社
鳥居本町
鳥居本
鳥居本町南
鳥居本団地
彦根港
松原寺
近江高
松原橋
松原
馬場
金亀公園
県立彦根球場
カインズモール
玄宮楽々園
佐和山城跡
仙琳寺
佐和山町
近江鉄道本線
滋賀大
彦根城
尾末町
彦根署
JR東海道新幹線
彦根城博物館
圓常寺
城町
長曽根南町
芹川
北川橋
神明神社
佐和町
旭町
船町
古沢町
彦根
栄町
中藪
彦根西高
本町
彦根東高
京町
大東町
小野町
湖岸道路
西福寺
龍泉寺
中藪町
池州町
京町東
里根町
外町
大藪町
千代神社
後三条町
平和堂
安清町
河原
平田川
彦根総合高
幸町
原八幡神社
スポーツ公園
彦根IC
大藪町中
平和堂
長曽根南町
芹町
ひこね芹川
原町
開出今町
犬上川
滋賀県立大
庄堺公園
平田町北
平田町
和田町
芹川町
西沼波町
千鳥ヶ丘公園
平田町
明照寺
山之脇町
彦根翔陽高
岡町
彦根口
正法寺町
戸賀町
小泉町
地蔵町
丸善
旭橋
南青柳橋
東沼波町
開出今町
菅原神社
野瀬町
野田山町
甘呂町
願宗寺
西今町
南彦根
名神高速道路
宇尾町
竹ヶ鼻町
ビバシティ彦根
高宮町西
大堀町
野田山町
西今町南
宇尾町
都恵神社
友仁山崎病院
春日大橋
高宮町
蓮台寺町
堀町
広野町
高宮町大北
芹川
中川原
木曽
千鳥橋北詰
千鳥橋
高宮
辻堂町
金剛寺町
荒神山通り
極楽寺町
圓照寺
高宮町
スクリーン
西音寺
犬方町
森堂町
高宮橋
近江鉄道多賀線
平和堂
河瀬高
犬方町南
無賃橋北詰
土田
高宮町東出
法士町
妙行寺
月之木
河瀬公園
猿木
多賀公園
多賀大社前
河瀬
川瀬馬場町
多賀大社
西葛籠町
敏満寺
多賀西
呉竹
野口町
多賀
南川瀬町
高宮池
赤坂公園
彦根工業高
葛籠町
小川原

豊郷町
甲良町
愛荘町
東近江市
東14 千樹寺
東7 高源寺
東8 西明寺
東10 金剛輪寺
東11 百済寺
東9 大覚寺
大町
東光寺
石畑
豊郷病院
豊郷
高野瀬
天稚彦神社
下枝
豊会館
上枝
日栄
八町
下之郷
法養寺
長寺東
長寺
金屋
金谷
楢崎
池寺
若一神社
勝楽寺
正楽寺
雨降野
長憲寺
八大龍王神社
甲良町総合公園
目加田
愛知神社
目賀田城跡公園
深草
吉田
教得寺
円城寺
常安寺
承安寺
西出
宝憧寺
川久保
東出
正福寺
竹原
安孫子
教願寺
下八木
蓮照寺
北八木
軽野神社
仏心寺
浄心寺
斧磨
矢守
島川
八木神社
宮後
沖
教照寺
蚊野
岩倉
松尾寺
南野々目
軽野
秦荘PA
町立歴史文化博物館
秦川山
▲469
長塚
豊満
栗田
宇曽川
蚊野外
金剛寺橋
香之庄
天満宮
香之神社
大行社
すこやか通り
名神高速道路
上蚊野
西光寺
元持
春日神社
平柳町
小八木町
宇曽川ダム
平居
勝堂町
畑田
下一色町
古墳公園
祇園町
八坂神社
苅間
今在家町
寳珠寺
クレフィール湖東
平柳町
押立神社北
西菩提寺町
北菩提寺町
中一色町
湖東記念病院
近江グリーンロード
北清水町
薬師院
押立神社
平松町
平松
湖東歴史民俗資料館
清水街道
清水中町
稲田姫神社
南菩提寺町
いにしえの道
下里町
僧坊町
湯屋町
中央通り
西明寺
善明寺
地蔵院
中里町
北坂町
坂本神社
横溝町
大沢町
中里
正善寺
小池町
小田苅
長町
びわこ
近江温泉
百済寺町
岩上神社
小田苅町
厄除八幡宮
北花沢
読合堂町
南花沢町
北花沢町
南花沢
百済寺本町
引接寺
湖東スタジアム
中岸本
平和堂
上山町
下岸本町
梅林町
池之尻
上中野町
恵美須溜
上岸本町
大萩町
池之尻町
市ヶ原町
下中野町
市ヶ原
御河辺橋
河桁御河辺神社
大林町
大覚寺町
東近江市あいとう
マーガレットステーション
神田町
綺江町
0
1
2km
⇧94頁
⇩96頁

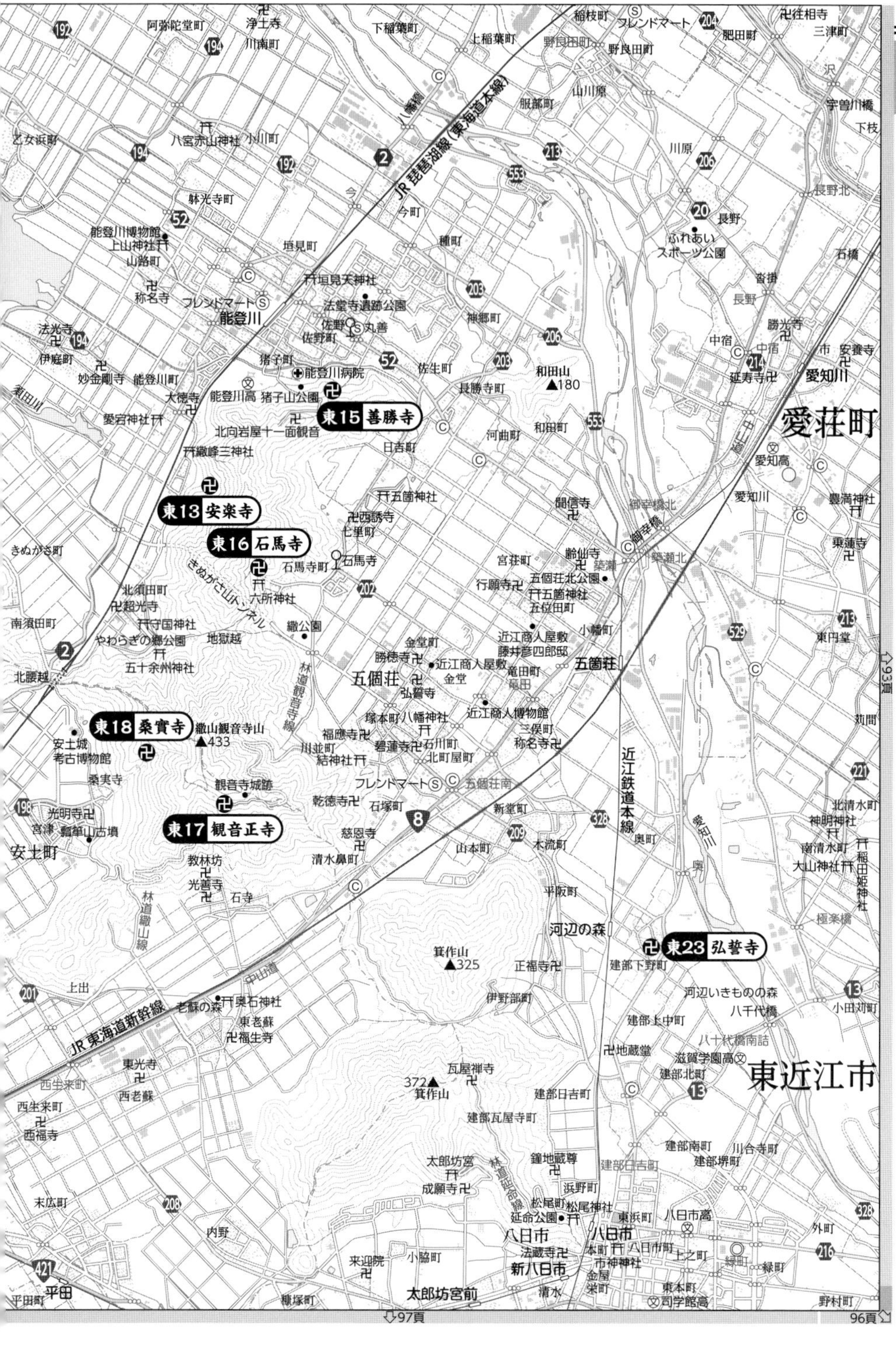
阿弥陀堂町
浄土寺
川南町
下稲葉町
上稲葉町
稲枝町
フレンドマート
往相寺
三津町
肥田町
野良田町
山川原
服部町
JR琵琶湖線（東海道本線）
八幡橋
乙女浜町
八宮赤山神社
小川町
川原
宇曽川橋
下枝
躰光寺町
今町
長野北
長野
ふれあいスポーツ公園
能登川博物館
上山神社
山路町
垣見町
種町
石橋
称名寺
垣見天神社
法堂寺遺跡公園
フレンドマート
能登川
佐野
丸善
佐野町
神郷町
沓掛
長野
法光寺
伊庭町
妙金剛寺
能登川町
猪子町
能登川病院
佐生町
長勝寺町
和田山
180
中宿
勝光寺
延寿寺
安養寺
愛知川
大徳寺
能登川高
猪子山公園
東15 善勝寺
愛宕神社
北向岩屋十一面観音
日吉町
河曲町
和田町
愛荘町
愛知高
繖峰三神社
五箇神社
聞信寺
御幸橋北
御幸橋
愛知川
豊満神社
東13 安楽寺
西誓寺
七里町
東16 石馬寺
石馬寺
石馬寺町
きぬがさ町
宮荘町
齢仙寺
五個荘北公園
五箇神社
五位田町
行願寺
北須田町
超光寺
六所神社
きぬがさ山トンネル
乗蓮寺
南須田町
守国神社
やわらぎの郷公園
地獄越
繖公園
近江商人屋敷 藤井彦四郎邸
小幡町
東円堂
北腰越
五十余州神社
林道観音寺線
金堂町
勝徳寺
近江商人屋敷
竜田町
五個荘
五個荘
弘誓寺
金堂
近江商人博物館
三俣町
称名寺
塚本町
八幡神社
東18 桑實寺
繖山観音寺山
433
安土城考古博物館
福應寺
碧蓮寺
石川町
北町屋町
近江鉄道本線
川並町
結神社
桑実寺
フレンドマート
五個荘南
観音寺城跡
光明寺
宮津
瓢箪山古墳
安土町
東17 観音正寺
乾徳寺
石塚町
新堂町
北清水町
神明神社
慈恩寺
山本町
木流町
奥町
南清水町
稲田姫神社
大山神社
教林坊
光善寺
石寺
清水鼻町
平阪町
極楽橋
林道繖山線
河辺の森
東23 弘誓寺
箕作山
325
正福寺
建部下野町
上出
中山道
伊野部町
河辺いきものの森
八千代橋
小田苅町
老蘇の森
奥石神社
東老蘇
福生寺
建部上中町
JR東海道新幹線
地蔵堂
八千代橋南詰
滋賀学園高
東近江市
東光寺
西生来町
西老蘇
瓦屋禅寺
372
箕作山
建部北町
建部日吉町
西生来町
西福寺
建部瓦屋寺町
建部南町
川合寺町
建部堺町
太郎坊宮
鐘地蔵尊
建部日吉町
成願寺
林道延命線
浜野町
末広町
松尾町
松尾神社
延命公園
東浜町
八日市高
外町
内野
八日市
八日市
本町
八日市町
市神神社
上之町
緑町
法蔵寺
金屋
緑町
来迎院
小脇町
新八日市
栄町
平田
平田町
糠塚町
太郎坊宮前
清水
東本町
野村町
司学館高
97頁
96頁
93頁
荊間

0
1
2km
琵琶湖
近江八幡市
西の湖
東19 長命寺
東20 村雲御所瑞龍寺
東21 願成就寺
東22 長光寺
長命寺山
▲333
栗見新田町
湖岸道路
大同川
福堂町
正覚寺
堀切新港
休暇村
近江八幡
沖島町
大中神明宮
大中の湖干拓地
大中町
能登川水車とカヌーランド
大中町
大中
延命寺
延光院
農業大学校
大中の湖南遺跡
島町
奥津島神社
若宮神社
国清寺
白王町
大中神社
専念寺
市神神社濱宮
北津田町
中之庄町
福城寺
下豊浦
円山町
清見寺
海雲寺
円山町
禅林院
天之御中主尊神社
長命寺町
西方寺
長命寺港
下豊浦
西光寺
安土城跡
總勝寺
羽柴秀吉邸跡
称名寺
新宮神社
近江八幡運動公園
ヴォーリズ記念病院
常楽寺
天満宮
フレンドマート
南津田町
八幡山城跡
西照寺
北之庄町
浅小井町
順念寺
山頂
多賀町
西庄町
本福寺
地蔵尊
安土
安土町
城郭資料館
正覚寺
叢林寺
多賀
近江兄弟社高
三輪明神
香庄
善徳寺
加賀団地
船木町
小姓谷
山麓
日牟禮八幡宮
常福寺
小中
佛光寺別院
玉木
寶積寺
願故寺
音羽町
浄厳院
蓮光寺
嚴浄寺
本町
新町
八幡町
願通寺
円光寺
慈恩寺
沙沙貴神社
北元町
池田町
八幡商業高
西庄町
大房
西元町
板屋町
出町
黒橋
鏡石神社
中屋
大房町
真成寺
中村町
金田跨線橋北
JR琵琶湖線（東海道本線）
小船木町
土田町
桜宮町
鷹飼町北
長田町
アルプラザ
八幡工業高
淨寶寺
中村町
浄道寺
小船木町
桜宮町
鷹飼町
杉森町
生蓮寺
金剛寺町
市立総合医療センター
加茂町
近江八幡ショッパーズスクウェア
西本郷町東
若宮神社
西敬寺
御所内町
西光寺
八幡高
近江八幡
西本郷町
野田町
極楽寺
八木町
マイカルタウン近江八幡
近江鉄道八日市線
田中江町
堀上町
白鳥町
友定町
日枝神社
圓宗寺
赤尾町
熊野神社
若葉町
友定町
武佐町
覚永寺
白鳥川
日吉野町
上田町
篠田神社
西宿町
フレンドマート
益田町
白鷺神社遺跡
鷹飼町
フレンドマート
元稱寺
正圓寺
武佐
中小森町
興徳寺
JR東海道新幹線
桝町
森尻町
興願寺
大森町
馬淵町
池福寺
古川町
長光寺町
白鳥川

⇧93頁

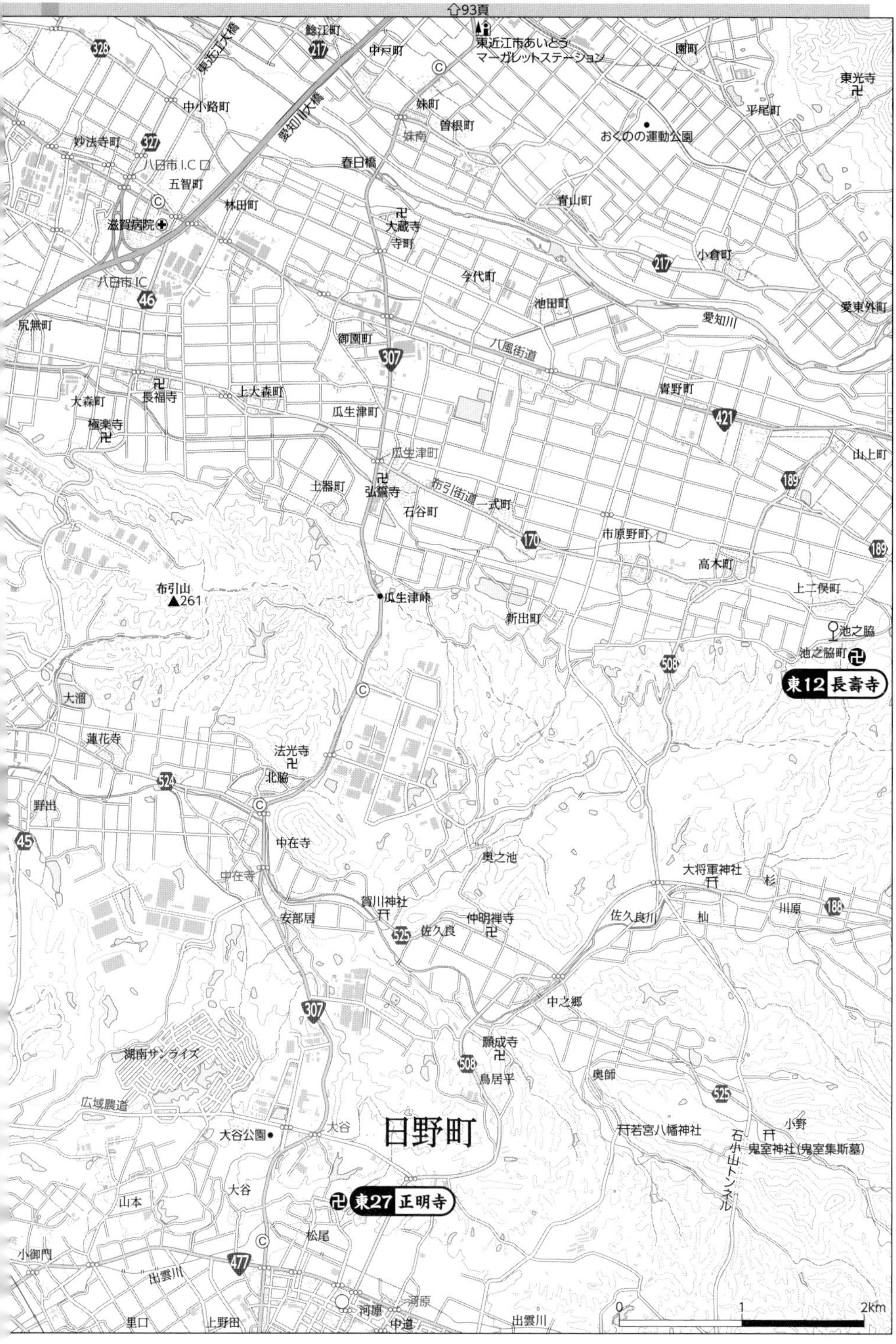

東近江市あいとう
マーガレットステーション
鯰江町
中戸町
園町
東光寺
328
217
東近江大橋
愛知川大橋
中小路町
妹町
曽根町
平尾町
妙法寺町
327
妹南
おくのの運動公園
八日市I.C
五智町
春日橋
林田町
青山町
滋賀病院
大蔵寺
寺町
217
小倉町
八日市IC
今代町
46
池田町
愛知川
愛東外町
尻無町
御園町
307
八風街道
上大森町
青野町
大森町
長福寺
瓜生津町
421
極楽寺
瓜生津町
山上町
土器町
弘誓寺
布引街道
一式町
189
石谷町
170
市原野町
189
高木町
布引山
261
瓜生津峠
上二俣町
新出町
池之脇
池之脇町
508
東12 長壽寺
大溜
蓮花寺
法光寺
北脇
524
野出
45
中在寺
奥之池
中在寺
大将軍神社
杉
賀川神社
安部居
仲明禅寺
佐久良川
川原
188
525
佐久良
中之郷
307
願成寺
湖南サンライズ
508
鳥居平
奥師
525
広域農道
大谷
日野町
若宮八幡神社
小野
大谷公園
石小山トンネル
鬼室神社(鬼室集斯墓)
山本
大谷
東27 正明寺
松尾
小御門
477
出雲川
河原
里口
上野田
河原
中道
出雲川
0
1
2km

95頁
94頁

長光寺町
平田町
八風街道
舟岡山
糠塚町
阿賀神社
万葉歌碑
太郎坊宮前
清水
清水三
栄町
東本町
司学館高
東本町
小脇町
小今町
昭和町
西中野町
野々宮町
札の辻
東中野町
ひばり丘町
八日市南高
421
東沖野
野口町
市辺
昭和町
13
中野町
聖徳町
近江鉄道本線
170
三津屋町
神明社
日吉神社
168
柏木町
今崎町
東今崎町
聖和町
沖野
上平木町
法徳寺薬師堂
光明寺
市辺町
市辺押磐皇子墓
若宮神社
長谷野
今堀町
下羽田町
蛇溝町
大凧通り
日吉神社
今堀町
45
東近江市
剣神社
徳昌寺
布施町
芝原町
布引街道
下二俣町
中羽田町
光照寺
華岳山公園
大学前
びわこ学院大
170
円通寺
布引運動公園
柴原南町
雪野山トンネル
布引グリーンスタジアム
布施山
241
布施溜池
上羽田町
41
布施公園
45
稲垂町
13
黒丸PA
新巻町
東24 願成寺
雪野山
309
雪野山古墳
京セラ前
名神高速道路
東25 龍王寺（雪野寺）
蒲生あかね古墳公園
大凧通り
川合
玉緒神社
雪野山歴史公園
木村町
川守
川合
東26 石塔寺
川守
川守
川合町
妹背の里
石塔町
横山町
桜川西町
41
524
横山大橋
桜川
13
川合橋
桜川西
石塔
岩井
日野川橋
桜川東町
平林町
176
桜川東
178
合戸町
市子殿町
14
蒲生寺町
綺田町
新池
蒲生病院
誓安寺
市子殿
宮井町
佐久良川橋
野口謙蔵記念館
43
佐久良川
東出
外原町
広域農道
上南町
市子沖町
宮上橋
市子松井町
山之上
市子松井
大塚町
朝日大塚
山之上
市子沖
田井町
専修寺
山王神社
日野川
鈴町
46
13
鈴橋
41
宮川町
477
蒲生堂町
蒲生大森町
477
下麻生町
梵釈寺
鈴
草の根広場
山部神社（赤人廟）
蒲生岡本町
上麻生町
164
長峰団地
広域農道
涌泉寺
近江鉄道本線
竜王町
竹田神社
朝日野
蒲生りんご農園
鋳物師
山之上
蒲生大橋
増田
石原
下田
165
小谷
増田橋
鈴町
日野川
三十坪
八田
豊田

130頁

湖東の風土

木村至宏

湖東の地域は、名称どおり琵琶湖の東部に位置するところである。地域の東側は三重県と境する鈴鹿《すずか》山系で、その山麓から湖までの距離が比較的長い。当地域には、鈴鹿山系に水源をもつ犬上《いぬかみ》川・宇曽《うそ》川・愛知《えち》川・日野川・野洲《やす》川といった滋賀県を代表する河川が、東西に流れ湖に注ぐ。これらの河川によって形成された肥沃《ひよく》な平野部には、古代において依知《えち》秦氏《はたうじ》をはじめ、朝鮮半島からの渡来人の止住も多く、早くに先進文化が開いたところであった。

そして、平野部には日本を代表する幹線道の東山《とうさん》道《どう》（のち中山道《なかせんどう》）をはじめ、後にできた御代参《ごだいさん》街道（中山道土山《つちやま》と東海道小幡《おばた》を結ぶ）、朝鮮人街道（浜街道）、八《はっ》風《ぷう》街道（中山道武佐《むさ》と鈴鹿山系を結ぶ）などの道が南北に通じている。これらの街道筋や、丘陵地には、地域

依知《えち》秦氏《はたうじ》の里古墳公園（愛荘町上蚊野）。愛荘町の宇曽川沿い、国道307号線をはさんで広がっている金剛寺野古墳群は、古代にこの地で活躍した渡来系豪族の依智秦氏一族の古墳と考えられ、その多くが戦後に破壊されたが、10基が古墳公園として整備されており見学できる。

の人々から篤い信仰を集めた各霊場が建立されている。

ところで、近江の寺院には、すでに前掲したように奈良時代に活躍した行基《ぎょうき》菩薩・泰澄大師《たいちょうだいし》・聖徳太子などの開基あるいは開山の伝承をもつ寺院が、他府県に比べて多い。なかでも湖東の霊場のなかでより顕著である。ちなみに湖東二十七名刹のなかで、聖徳太子にまつわる開山伝承を取り上げても、百済寺《ひゃくさいじ》・長壽寺・安楽寺・善勝寺・石馬寺《いしばじ》・観音正寺・長命寺・願成就寺《がんじょうじゅうじ》・長光寺・願成寺《がんじょうじ》・石塔寺《いしどうじ》・正明寺《しょうみょうじ》の十二霊場にのぼる。しかも、それらの各霊場の多くの本尊・脇侍、あるいは本堂内に安置の仏像に国指定重要文化財・県指定文化財になっているものが多く、現在まで大事に伝存されていることは注目すべきことだろう。

中山道摺針《すりはり》峠（彦根市鳥居本町）。かつて江戸から中山道の長い山道を越えてきた旅人は、この峠で初めて眼下に広がる近江盆地を目の当たりにすることになる。その壮大に広がる琵琶湖の景観は「中山道随一」と呼ばれた。

第五十四番
湖東第一番

大洞山《おおほらざん》 長寿院《ちょうじゅいん》（大洞弁財天《おおほらべんざいてん》）

真言宗醍醐派

本尊　阿弥陀如来（阿弥陀堂）
弁財天（弁財天堂）
開基　井伊直興

［御詠歌］　大洞の彦根日光ここにみて　願いぞ叶う　弁財天尊

彦根城の北東（鬼門）にあたる佐和山の西麓にある、真言宗醍醐派の寺院。本堂と礼堂《らいどう》からなる立派な弁財天堂に豊麗な弁財天坐像を安置することから、一般には大洞弁財天の名で親しまれている。

元禄八年（一六九五）、第四代藩主井伊直興《なおおき》の発願《ほつがん》により、甲《こう》良《ら》大工《だいく》の手によって建てられた。建立に際しては、藩内領民に一文寄進を呼び掛け、その寄進者二十五万九千五百二十六人の名が現在も記録として残されている。

中心となる総本瓦葺の弁財天堂（重文）は、元禄八年建立の棟札があり、本堂、石の間および礼堂からなる権現《ごんげん》造の形態をもち、彫刻や彩画で華やかに飾られており、彦根日光とも呼ばれる。

阿弥陀堂（県指定）は入母屋《いりもや》造で、外観よりは内部を荘厳にしているのが特徴的。宝蔵（県指定）は、弁財天堂と同じく元禄八年から九年にかけて、経蔵（県指定）は同十二年にそれぞれ建立されたことが棟札からもうかがえる。

（八杉 淳）

●地図92頁

主な年中行事
1月第二日曜　厄除け餅撒き大祭
5月第二日曜　大護摩火渡り大祭
7月土用の丑　きゅうり封じ
9月中頃　巳成金大祭

交通　JR彦根駅下車、徒歩30分。彦根城下巡回バス運行時は龍潭寺下車、徒歩8分。

所在　彦根市古沢町1139

電話　0749-22-2617

文化財・名所
弁財天堂（重文）
阿弥陀堂・楼門・経蔵・宝蔵（いずれも県指定）

第五十五番
湖東第二番

弘徳山《こうとくざん》 龍潭寺《りょうたんじ》

臨済宗
妙心寺派

本尊　楊柳観世音菩薩
開山　昊天崇建

●地図92頁

［御詠歌］　彼の岸にやすくや舟を渡すべき　龍すむ渕の深きちぎりに

佐和山の西麓にある、臨済宗妙心寺派の寺院。彦根藩主井伊家とのつながりが深く、井伊家出身の井伊谷《いいのや》（静岡県浜松市）にも龍潭寺があり、元和《げんな》三年（一六一七）に、井伊谷の龍潭寺から昊天崇《こうてんそう》建《けん》を迎えて建立された。彦根藩二代藩主井伊直孝室が埋葬され、以後江戸期を通じて井伊家の庇護を受けた。当山中興の祖である藍渓慧湛《らんけいえたん》の時に寺観の再整備が行われ、享保十九年（一七三四）に落慶供養が営まれた。現在の寺観はこのときのものである。山門は朝廷勅許の勅使門に準ずる准勅使門である。茶室果然室《かねんしつ》は佐和山城の古材を用いて建立したと伝えられている。

方丈南庭と書院東庭には、昊天の作とされる枯山水と池泉回遊式の庭園がある。また什物には、開山昊天の頂相《ちんぞう》、昊天道号并号頌や井伊家から拝領の調度品類なども残っている。方丈の襖絵は、農耕図や牡丹唐獅子図などが描かれている。寺伝では、作者は松尾芭蕉の門弟で蕉門十哲《しょうもんじってつ》の一人である彦根藩士森川許六《もりかわきょりく》で、画技にも通じていたことから、中野《なかの》助太夫《すけだゆう》三宜《みつよし》の依頼で描かれたものであるという。

（八杉 淳）

拝観時間　午前9時〜午後4時
拝観料　400円
主な年中行事
2月10日　開山昊天禅師忌
4月1〜2日　だるままつり
6月中旬　庭まつり・沙羅の花を観る会
10月中頃　楊柳観音まつり（楊柳観音御開帳）
交通　JR彦根駅下車、徒歩25分。彦根城下巡回バス運行時は龍潭寺下車すぐ。
所在　彦根市古沢町1104
電話　0749-22-2777
文化財・名所
方丈南庭「ふだらくの庭」
書院東庭「鶴亀蓬莱庭園」（市名勝）
森川許六筆方丈襖絵（市指定）
だるま像
大洞観音堂
大久保忠隣公幽居之址
井伊直弼生母の墓
石田三成銅像など多数

第五十六番
湖東第三番

祥壽山《しょうじゅさん》 清涼寺《せいりょうじ》

曹洞宗

本尊 釈迦牟尼仏
開山 愚明正察
開基 井伊直政
井伊家菩提寺・歴代藩主墓所

［御詠歌］ 内湖《うちうみ》にかかりて尊き清涼寺　恵みも深き釈迦のみ姿

龍潭寺（湖東第二番・101頁）・井伊神社など彦根藩主井伊氏ゆかりの寺社とともに、佐和山の西麓にある。寺地は佐和山城主石田三成の家老、島左近の屋敷跡と伝える。寛永八年（一六三一）、井伊直孝が井伊家旧封地の上野《こうずけ》国上後閑《かみごかん》（群馬県安中市）から愚明《ぐみょう》正察《しょうさつ》を住持に招き、明暦二年（一六五六）、正察退隠のときに上野国の雙林寺末となる。井伊家から寺領百俵を与えられ、以後は井伊家累代の菩提寺となった。

境内にある井伊家の墓所（国史跡）内には、墓石以外にも供養塔一基、地蔵尊二基、法華塔一基がある。供養塔は、改易されて井伊直孝預かりとなった元小田原藩主大久保忠隣《ただちか》のものである。当地にあった経蔵は、埼玉県所沢市の狭山不動寺に移築されて現存する。また、護国殿という建物もあったが、初代直政と二代直孝の霊を祀るために十一代直中が建立した社殿で、こちらは福井県敦賀市の天満神社に移築されている。

（八杉 淳）

●地図92頁

主な年中行事
毎月第三日曜　月例会

交通　JR彦根駅下車、徒歩20分。彦根城下巡回バス運行時は龍潭寺下車、徒歩5分。

所在　彦根市古沢町1100

電話　0749-22-2776

文化財・名所
井伊家歴代墓所（国史跡）
大久保忠隣墓所
石田群霊碑
長野主膳墓所
佐和山城址

第五十七番
湖東第四番

普門山常心院《ふもんざんじょうしんいん》 長久寺《ちょうきゅうじ》

真言宗豊山派

本尊 千手観世音菩薩
開山 善應僧都

［御詠歌］ 末ながく久しき寺に澄む月の　照らす光をたのまぬはなし

彦根市後三条町、雨壺山の西斜面にある。真言宗豊山派。長久三年（一〇四二）、高野山の学僧善應僧都《ぜんのうそうず》の開創と伝えられ、後三条天皇の皇后の祈願所となった。永正年間（一五〇四～二一）に京極・六角両氏の合戦の余波を受けて焼失。のちに村人が同寺本尊千手観音像を奉祀する庵を結び、慶長十一年（一六〇六）、井伊家家老の庵原主税助朝真《いはらちからのすけともざね》の寄進により再興された。本堂（県指定）の擬宝珠《ぎぼし》には寛永六年銘があり、当時のものとされる。以来、城の辰巳の方向に位置するところから彦根藩の守護寺と定められ、代々の藩主や家老などの祈願所となって、諸堂も復興されていった。

同寺には、怪談「番町皿屋敷」で知られるお菊の皿が現存し、彦根の伝説となっている。また、木造毘沙門天立像・木造不動明王立像（ともに市指定）は平安時代の作。境内には源頼朝お手植えといわれる紅梅がある。

（八杉淳）

●地図92頁

主な年中行事
1月1日　初春祈願護摩
3月春分の日　彼岸の中日・人形供養
8月9～10日　千日参り大法会柴燈大護摩
10月下旬の日曜日　無縁塔並施餓鬼供養

交通　JR彦根駅下車、徒歩20分。
所在　彦根市後三条町59
電話　0749-22-0914
文化財・名所
本堂（県指定）
毘沙門天立像・不動明王立像（ともに市指定）
番町皿屋敷の皿・お菊の墓
源頼朝お手植えの紅梅（市指定保存樹・推定樹齢八百年）

第五十八番
湖東第五番

金亀山《きんきざん》　北野寺《きたのじ》

真言宗豊山派

本尊　聖観世音菩薩
開基　護命上人
元正天皇勅願所
近江西国第十四番札所

［御詠歌］　よろづ世を守るしるしとみ仏の　亀にのりてやきたのなるらん

彦根市馬場にある真言宗豊山派の寺院。本尊は聖《しょう》観音菩薩。歴史は古く、養老四年（七二〇）に元正天皇の勅願により、近江国司藤原房前《ふささき》により建立された。開基は護命《ごみょう》上人と伝える。かつては彦根山の観音として多くの信仰を集めたことが、この辺りに巡礼街道という呼称が残ることからもうかがえる。

彦根城下の中心的寺院で、もとは金亀山にあり、彦根寺と称したが、彦根城築城のため、慶長八年（一六〇三）に石ヶ崎町に移された。さらに、二代藩主井伊直孝が、上野《こうずけ》国北野寺（群馬県安中市）の慶算の勧めで、大和国長谷寺（奈良県桜井市）の小池坊秀算を住持に招き、寺号を北野寺と改めて井伊家の祈願寺とした。寛政七年（一七九五）の彦根大火で全焼したが、同十二年に第十一代井伊直中の寄進によって再建された。

境内の行者堂には「江州彦根寺　応永十七年」の墨書銘のある木造役行者《えんのぎょうじゃ》像（市指定）并前鬼《ぜんき》後鬼《ごき》像を安置する。また、元和《げんな》六年（一六二〇）の井伊直孝寄進の大般若経六百巻が残る。八月には万灯大法会が執り行われる。

（八杉 淳）

●地図92頁

主な年中行事
8月17日　役行者尊大護摩
8月18日　観世音大法会
12月1～2日　大聖歓喜天浴油供

交通　JR彦根駅から近江鉄道バス長曽根口下車、徒歩5分。
所在　彦根市馬場1丁目3-7
電話　0749-22-5630
文化財・名所
役行者倚像（市指定）

第五十九番
湖東第六番

萬年山《まんねんざん》 天寧寺《てんねいじ》

曹洞宗

本尊 釈迦牟尼仏
開山 寂室堅光
開基 井伊直中
五百羅漢の寺

［御詠歌］　諸人《もろびと》の利益《りやく》叶えてほてい尊　五百羅漢も祀る御寺《おんてら》

五百羅漢が安置されていることで有名な寺であるが、それには謂《いわ》れがある。彦根藩十一代藩主井伊直中は、奥勤めの腰元若竹が不義の子を宿したことを咎め、お手打ちにした。後に、その不義の相手が自分の子であったことが分かり、結果的に孫をも葬ってしまったことを後悔して、禅宗界屈指の名僧、寂《じゃく》室堅光《しつけんこう》の勧めにより、五百羅漢の造像を発願《ほつがん》した。そして、文政十一年（一八二八）に天寧寺が創建され、羅漢像が安置された。五百羅漢像の中には、必ず自分の探し求める人の顔があるといわれている。

境内には、井伊直弼供養塔がある。これは、桜田門外の変で暗殺されたときの血の浸みこんだ土を彦根に運び、供養したものである。また、舟橋聖一の『花の生涯』にも登場する直弼の腹心、長野主膳義言《ながのしゅぜんよしとき》の墓もある。井伊大老所縁の品として公開されてはいないが、井伊直弼最後の座布団と呼ばれるものがある。暗殺のとき、駕籠の中で使用されていたという座布団である。

（編集局）

●地図92頁

拝観時間
午前9時〜午後5時
拝観料　400円
主な年中行事
3月28日　井伊直弼大老祭
交通　JR彦根駅から近江鉄道バス天寧寺口下車、徒歩5分。
所在　彦根市里根町232
電話　0749-22-5313
文化財・名所
五百羅漢像（市指定）
井伊直弼供養塔
長野主膳墓所

第六十番
湖東第七番

天徳山《てんとくざん》 高源寺《こうげんじ》

臨済宗
妙心寺派

本尊 阿弥陀如来
開山 禿翁禅師

【御詠歌】 たのみなる高き心の源《もと》あらば　天《あま》ねき徳ぞ誰をへだてん

当寺の裏山には、近江源氏・佐々木氏の被官であった楢崎《ならざき》氏の館跡がある。また、背後の高源寺山の山頂は楢崎城本丸があったところといわれている。かつてこの地には、その楢崎氏の菩提寺であったと思われる天台宗十徳寺があった。その時代の、楢崎氏供養塔である宝篋印塔も残されている。

織田信長によって佐々木氏は滅亡し、十徳寺も廃されたが、慶長年間（一五九六～一六一五）に、彦根藩主井伊家家老の家である、脇、宇津木《うつぎ》の両家によって、京都妙心寺の禿翁《とくおう》禅師を開山として創建されたのが、現在につながる高源寺である。山号寺号は、脇豊久の院号天徳院殿と、宇津木久豊の院号高源院殿にちなんでいる。

江戸時代は湖東の大名刹であったが、明治九年（一八七六）の火災で、総門を残して焼失した。なお、総門は、石田三成の佐和山城の裏門を移築したものである。明治十四年に多賀大社にあった正覚院、般若院、不動院の建物を移築した。ほかに、大老井伊直弼を陰で支えたという村山たかの肖像画も伝わっている。

（編集局）

●地図93頁

主な年中行事 5月第二日曜　開山毎歳忌
交通　JR河瀬駅から近江鉄道バス楢崎下車、徒歩5分。
所在　犬上郡多賀町楢崎374
電話　0749-49-0821
文化財・名所
総門（佐和山城裏門）
村山たか肖像画

第六十一番
湖東第八番

龍應山《りゅうおうざん》 西明寺《さいみょうじ》

天台宗

本尊 薬師如来
開山 三修上人
中興 望月友閑
西国薬師第三十二番札所
神仏霊場滋賀第四番札所

●地図93頁

［御詠歌］ 衆人《もろびと》の病《や》む身と心癒すらん　閼伽《あか》池《いけ》に立つお薬師さあま

湖東三山の一つで北端に位置する。仁明《にんみょう》天皇の勅願によって承和《じょうわ》元年（八三四）に三修上人が開創。寺伝によると、三修上人が琵琶湖の西岸を歩いていると、東方から紫雲たなびき山上に光明がさしたので、その場所に行き閼伽《あか》池で拝まれると薬師如来が、日光・月光《がっこう》両菩薩と十二神将を随えて出現。感激のあまり三修上人は、立木にその姿を彫られ安置したという。

のち当寺は、天台僧の修行道場となり諸堂十七、僧坊三百を数えた。戦国時代、織田信長の兵火にあったが、本堂・三重塔・二天門が火難をまぬがれた。

檜皮葺《ひわだぶき》の豪壮な本堂瑠璃殿（国宝）は、建造物として国宝第一号指定を受けた建造物である。内陣には、須弥壇《しゅみだん》上の厨子の中に本尊薬師如来立像と脇侍の日光・月光菩薩両像が安置され、両脇に二天王立像（重文）が安置される。また、本堂の横の優美な三重塔（国宝）とその塔内壁画には目がうばわれる。天井・四柱・梁などには極彩色菩薩像が全面に描かれている。

（木村至宏）

拝観時間 午前8時～午後4時30分
拝観料 500円
主な年中行事
1月8日　初薬師大般若会
2月3日　節分会
9月8日　薬師如来縁日会
春・秋　三重塔内壁画特別公開（別途特別拝観料要・雨天中止）
※公開期間は寺院に確認要
交通 JR河瀬・彦根・米原駅から観光タクシーあり。（紅葉シーズンは湖東三山シャトルバス運行）。
所在 犬上郡甲良町池寺26
電話 0749-38-4008
文化財・名所
本堂・三重塔（ともに国宝）
二天門・石造宝塔（ともに重文）
薬師如来立像・釈迦如来立像・不動明王および二童子像・二天王立像（いずれも重文）
西明寺本坊庭園（国名勝）
西明寺のフダンザクラ（県天然
その他寺宝多数

第六十二番
湖東第九番

豊国山《とよくにざん》 大覚寺《だいかくじ》

天台宗

本尊 十一面観世音菩薩
開山 行基菩薩
近江西国第十七番札所

［御詠歌］ ゆたかなる国の山々めぐるみの　のちの世いかでむなしからまし

大覚寺は、寺伝によれば天平十三年（七四一）、聖武天皇の発願《ほつがん》により行基菩薩が創建したと伝わる。元亀年間（一五七〇〜七三）の、織田信長による兵火でことごとく灰燼に帰した。現在の本堂は、享保年間（一七一六〜三六）に、住僧円有によって再建されたもので、慶安三年（一六五〇）の墨書がある本尊十一面観音菩薩立像と仏頭二体（仁王像の頭部）が安置されている。近江西国観音霊場の第十七番札所でもある。

隣接して八幡神社があり、その北方に大門の跡がある。その辺り一帯は、その昔、僧坊があったところとみられ、在所の地名も「大覚寺」である。現在は小規模な寺院ではあるが、鎌倉時代の最盛期であった頃には、百済寺《ひゃくさいじ》（湖東第十一番・110頁）に匹敵する大寺であったことが偲ばれる。（編集局）

●地図93頁

交通 JR能登川駅から湖国バス角能線 市ヶ原下車乗り換え、東近江市コミュニティバス「ちょこっとタクシー」愛東北線（予約運行）大覚寺下車、徒歩10分。
所在 東近江市大覚寺町709
電話 0749-46-0309
文化財・名所
十一面観音菩薩立像
仏頭二体

第六十三番
湖東第十番

松峯山《しょうぶざん》 金剛輪寺《こんごうりんじ》

天台宗

本尊 聖観世音菩薩
開山 行基菩薩
近江西国第十五番札所
湖国十一面観音霊場第十一番札所
神仏霊場滋賀第三番札所

［御詠歌］ わけいりて　仏の恵み　松の峰　嵐も法《のり》の聲《こえ》かとぞ聞く

湖東三山の一つで中央に位置する。寺伝によれば、聖武天皇の勅願で天平十三年（七四一）、行基が一刀三礼で聖《しょう》観音菩薩像を刻み安置したことに始まるという。その後、延暦寺の慈覚大師円仁《じかくだいしえんにん》が中興。さらに後、近江守護佐々木氏の帰依をうけ隆栄したが、織田信長の兵火に遭遇した。

焼失をまぬがれた本堂大悲閣（国宝）は、七間七間の大屋根をもつ大建造物。内陣には、剣巴の金具も鮮やかな須弥壇《しゅみだん》上の宮殿（厨子《ずし》）に秘仏聖観音立像が安置される。その左右には木造不動明王立像・木造毘沙門天立像・木造四天王立像・木造阿弥陀如来坐像（いずれも重文）などの優品が並ぶ。また、本堂の裏堂安置の平安時代の木造十一面観音立像の素朴な像容に引きつけられる。

そのほか本坊明寿院の護摩堂には、ほかに類例の少ない力強さを表出させた大黒天半跏像（重文）が安置されている。なお、明寿院の南庭から東庭・北庭には、興趣に富んだ庭園（国名勝）が広がる。

（木村至宏）

●地図93頁

拝観時間
午前8時～午後5時
拝観料 500円
主な年中行事
1月18日　初観音大般若経転読
5月5日　仏生会花祭り
8月9日　観音盆千日会
交通 JR稲枝駅から彦根観光バス（土日祝運休）金剛輪寺下車すぐ。（紅葉シーズンは臨時路線バス・湖東三山シャトルバス運行）
所在 愛知郡愛荘町松尾寺874
電話 0749-37-3211
文化財・名所
本堂（国宝）
三重塔・二天門・大行社本殿（いずれも重文）
不動明王立像・毘沙門天立像・慈恵大師良源坐像・大黒天半跏像（いずれも重文）
明寿院庭園（国名勝）
その他寺宝多数

第六十四番
湖東第十一番

釈迦山《しゃかざん》 百済寺《ひゃくさいじ》

天台宗

本尊 植木観音（十一面観世音菩薩）
開山 聖徳太子
近江西国第十六番札所
湖国十一面観音霊場第十番札所
神仏霊場滋賀第九番札所

●地図93頁

［御詠歌］　この山はわけてぞ仰ぐ後の世を　たのむ仏の御名とおもへば

湖東三山の一つで南端に位置する。寺伝では、推古天皇十四年（六〇六）、聖徳太子によって創建されたという。「勧進帳序」には、太子は百済《くだら》国龍雲寺に模して堂を建て、高句麗《こうくり》僧恵慈《えじ》をもって呪願とし、百済僧道欣《どうきん》を導師として供養したとある。このように百済寺は寺号のとおり、地域に居住する百済国の渡来の人々と密接な関係をうかがうことができる。

百済寺が大寺であるため、いくたびかの戦乱の被害をこうむり、堂塔を含めて数多くの資料も焼失した。本堂（重文）は慶安三年（一六五〇）に再建され、平安時代後期と伝える像高二・六メートルの巨像の秘仏・木造十一面観音立像（別名植木観音）が安置される。

当寺には鎌倉時代の絹本著色日吉山王《ひえさんのう》神像・室町時代の紺紙金泥妙法蓮華経入黒漆蒔絵函・鎌倉時代の金銅唐草文磬（いずれも重文）があり、本坊喜見院には、裏山から取りよせた巨岩を配したみごとな池泉回遊式庭園がある。

（木村至宏）

拝観時間 午前8時～午後5時

拝観料 500円

主な年中行事
2月18日 初観音大般若会
3月22日 聖徳太子会
5月3日 仏生会花祭り
7月18日 観音盆千日会

交通 JR能登川駅から湖国バス角能線 百済寺本町下車乗り換え、東近江市コミュニティバス「ちょこっとタクシー」愛東北線（予約運行）百済寺本坊前下車すぐ。（紅葉シーズンは湖東三山シャトルバス運行）

所在 東近江市百済寺町323

電話 0749-46-1036

文化財・名所
本堂（重文）
仁王門の大草鞋
本坊喜見院書院（国登録）
千年菩提樹
絹本著色日吉山王神像・紺紙金泥妙法蓮華経入黒漆蒔絵函・金銅唐草文磬（いずれも重文）

第六十五番
湖東第十二番

宝祐山《ほうゆうざん》 長壽寺《ちょうじゅじ》

天台宗

本尊 聖観世音菩薩
開基 聖徳太子
中興 秀圓法印

［御詠歌］ 長き世を　壽く寺に来てみれば　法の舟だに見ゆるみずうみ

池之脇の集落に抱かれるようにして、長壽寺はある。聖徳太子の開基と伝えられ、平安時代に慈覚大師円仁《じかくだいしえんにん》によって天台宗の寺として整備されたという。当寺東方の山地は鈴鹿山脈であるが、元亀元年（一五七〇）、織田信長が千草越えで岐阜へ戻る途中、杉谷善住坊《すぎたにぜんじゅぼう》によって狙撃されたという記事が『信長公記《しんちょうこうき》』にある。佐々木六角氏の庇護を受けていた当寺はこの頃、信長によってことごとく焼かれたと言い伝えられている。その後、万治二年（一六五九）に秀圓法印によって再興された。

本尊の秘仏聖《しょう》観世音菩薩立像（県指定）は平安中期の作で、子安観音と呼ばれている。その他、兵火をくぐり抜けた仏像が多く祀られている。

また江戸時代、当寺は延暦寺正覚院末の修行道場でもあり、修行僧の一人に播州赤穂神宮寺の僧、俊恵和尚がいた。俊恵は『忠臣蔵』で名高い大石内蔵助の師であり、その関係で、内蔵助が山科に閑居していた時期の書状が伝わっている。

（編集局）

●地図96頁

主な年中行事
2月3日　節分星祭採燈護摩法要
2月15日　涅槃会
5月8日　花祭り

交通　近江鉄道八日市駅から東近江市コミュニティバス「ちょこっとバス」市原線池之脇下車、徒歩5分。

所在　東近江市池之脇町420

電話　0748-27-1577

文化財・名所
聖観世音菩薩立像（県指定）
刀八毘沙門天騎獅像
佐々木六角高頼安堵状
大石内蔵助書翰

第六十六番
湖東第十三番

繖山《きぬがささん》 安楽寺《あんらくじ》

天台宗

本尊 千手十一面観世音菩薩
開基 聖徳太子

［御詠歌］ おり立ちて繖山の影に居ば　この身も安く楽しくぞなる

東近江市の繖山中腹にある天台宗の寺院で、無量寿院ともいう。『近江輿地志略《よちしりゃく》』には、聖徳太子の開基で、比叡山横川《よかわ》楞厳院《りょうごんいん》の末寺と記す。また、聖徳太子が近江に建てた四十八寺院のうち、最初に建てたのが本寺とされる。本尊は千手十一面観音。東近江市佐野町の善勝寺（湖東十五番・114頁）とは往来があり、しかも猪子の上山天神（東近江市山路町）と結びつき、神仏《しんぶつ》習合《しゅうごう》の有様をうかがうことができる。天正四年（一五七六）、織田信長により焼き打ちされたといわれ（『神崎郡志稿』）、江戸中期に再興するが、嘉永六年（一八五三）に再び火災があり、記録類の全てを失った。

当寺と末寺の閻魔堂（現在の十応寺）は八王子法橋《はちおうじほっきょう》・五人衆らによって維持運営された。八王子法橋伝来文書（市指定）によると、諸事評定は東座・西座の両座で行い、本堂造営のため両座から四人の僧が中国へ渡海したが、帰朝の際に難破したという。また、繖峯三《さんぼうさん》神社で行われる伊庭の坂下《さかくだ》し祭（県選択）は、勇壮な奇祭として有名である。（八杉 淳）

●地図94頁

主な年中行事
5月3日　伊庭の坂下し祭（大浜神社・望湖神社・繖峯三神社）

交通　JR能登川駅下車、徒歩30分（タクシー5分）。

所在　東近江市能登川町986

電話　0748-42-3506

文化財・名所
八王子法橋伝来文書（市指定・在所所蔵）

第六十七番
湖東第十四番

日吉山《ひよしざん》 千樹寺《せんじゅじ》

臨済宗
永源寺派

本尊 聖観世音菩薩
阿弥陀如来
開山 行基菩薩
江州音頭発祥地

［御詠歌］ 千枝《ちえ》の里　観音阿弥陀おわします　参りて拝め　今《いま》世《よ》後《のち》の世《よ》

豊郷町下枝にある寺院。臨済宗永源寺派で、枝村観音として親しまれている。もとは天台宗で、行基の開いた近江四十九院の一つといわれる。本尊は聖《しょう》観世音菩薩・阿弥陀如来。

永禄十一年（一五六八）九月七日、織田信長の兵火にかかり焼失。天正十四年（一五八六）には、当地出身の商人藤野太郎右衛門常実が再建。その後も火災によって移転したこともあったが、弘化四年（一八四七）、藤野四郎兵衛良久がもとの地に再建した。

その後、嘉永三年（一八五〇）、永源寺の百三十三世江庵宗深を住持に迎え、同派に属した。当寺の天正年中の領主法要の際に、土地の老若男女に手踊りをさせ、経文の二、三句を滑稽に歌い込み、これに群衆も多く参加した。いまも八月十七日には盆踊りを催し、枝村観音の踊りは人気を集め、これが江州音頭《ごうしゅうおんど》の始まりとされる。

（八杉 淳）

主な年中行事 8月17日　盂蘭盆会・施餓鬼会
交通 近江鉄道豊郷駅下車、徒歩10分。
所在 犬上郡豊郷町下枝111
電話 0749-35-3247
文化財・名所 江州音頭発祥地石碑

●地図93頁

第六十八番
湖東第十五番

織山《きぬがさやま》 善勝寺《ぜんしょうじ》

曹洞宗

本尊 十一面観世音菩薩
弥勒菩薩
開基 良正上人（聖徳太子叔父）
近江西国第二十番札所

〔御詠歌〕　鬼にさえ　よく勝つ寺ときくからに　なおたのまるる人ののちの世

東近江市佐野にある曹洞宗の寺院。聖徳太子の叔父にあたる良正上人の開基とされる。創建当初は釈善寺と号する天台宗寺院であったが、坂上田村麻呂《さかのうえのたむらまろ》の東征勝利にちなんで善勝寺と改められた。織田信長による兵火にかかり焼失したのち正保四年（一六四七）に一峯雪扇が再興。その時に曹洞宗に改宗し、能登国芳春院《ほうしゅんいん》（石川県輪島市門前町・大本山總持寺塔頭《たっちゅう》）の日辰文猊を開山第一祖に請じたといわれる。かつては、七十余の坊舎を配する大伽藍であったといわれている。

『近江輿地志略《よちしりゃく》』によれば、本堂が三間半に五間、観音堂二間四面、鐘楼、庫裏《くり》、沿室、門などがあったと記される。

現在の本堂には秘仏の木造十一面観音像と木造弥《み》勒《ろく》菩薩像が厨子《ずし》の中に安置されている。同寺に残る絹本著色涅槃《ねはん》図（市指定）は室町時代の僧吉山明兆《きっさんみんちょう》の筆といわれ、截金《きりかね》技法が施されている。

（八杉 淳）

●地図94頁

主な年中行事
8月17日　大施餓鬼会
毎月17日　奥の院で祈祷会
交通　JR能登川駅から近江鉄道バス佐野下車、徒歩10分。
所在　東近江市佐野町909
電話　0748-42-5121
文化財・名所
涅槃図（市指定）
鬼塚

第六十九番
湖東第十六番

御都繖山《ぎょとさんざん》 石馬寺《いしばじ》

臨済宗
妙心寺派

本尊 十一面千手観世音菩薩
開創 聖徳太子
中興 雲居希膺
湖国十一面観音霊場第九番札所
役行者大菩薩霊場

［御詠歌］ まつかぜや　やまのたをりのいしばでら　いさごのなみに　こまぞやすらぐ

東近江市石馬寺の繖山《きぬがさやま》の山腹に建つ、臨済宗の禅寺。聖徳太子が近江をめぐっていた時、乗馬が石に変じたこの地に寺院を建立したと伝えている。中世には天台寺院として、同じ山を居城とする六角氏の庇護を受けるが、戦国の動乱によって退転する。寛永年中（一六二四〜四四）に、松島瑞巌寺《ずいがんじ》（宮城県松島町）の中興を果たした雲居希膺《うんごきよう》を迎えて復興、正保元年（一六四四）に臨済宗妙心寺末となった。

ここには、多くの平安から鎌倉時代にかけて造像された本格的な仏像が伝えられている。なかでも、丈六の大きさを誇る木造阿弥陀如来坐像（重文）や、十世紀の作とみられる等身の木造十一面観音立像二軀（重文）、木造二天王立像が二対（重文）、等身の堂々とした木造大威徳明王像（重文）など、いずれも洗練された優作である。また、行者堂には木造役行者《えんのぎょうじゃ》及び二鬼像（重文）が伝えられ、堂々とした鎌倉時代の彫像であり、類例の少ない貴重な像である。

（髙梨純次）

●地図94頁

拝観時間 午前9時〜午後4時(月曜定休)
拝観料 500円
主な年中行事
4月10日 馬の寺・大般若会
4月26日 馬供養
8月15日 盂蘭盆大施餓鬼会
8月18日 役行者大菩薩千巻心経法要
8月23日 閻魔大王会
8月24日 地蔵盆会
毎月11日 坐禅会
交通 JR能登川駅から近江鉄道バス石馬寺下車、徒歩15分。
所在 東近江市五個荘石馬寺町823
電話 0748-48-4823
文化財・名所 阿弥陀如来坐像・十一面観世音菩薩立像・二天王立像・大威徳明王坐像・役行者及び二鬼像(いずれも重文)
石馬

第七十番
湖東第十七番

繖山《きぬがささん》 観音正寺《かんのんしょうじ》

単立

本尊　千手千眼観世音菩薩
開山　聖徳太子
西国観音霊場第三十二番札所
近江西国第十九番札所
神仏霊場滋賀第七番札所

［御詠歌］　あなとうと　導きたまえ観音寺　遠き国より運ぶ歩みを

繖山（観音寺山　標高四三二・九メートル）の山腹に位置する。当寺からの旧蒲生郡を含む湖東平野の眺望はすばらしい。

寺伝によれば、推古天皇十三年（六〇五）、聖徳太子が千手観音像を自刻し、堂舎も創建したという。その後、近江守護佐々木六角氏の庇護を得て栄えた。戦国時代に入って六角氏が、この地に観音寺城を築城するに際して、観音正寺は山麓に移築された。慶長二年（一五九七）に当寺はもとの山上にもどり、かつての塔頭《たっちゅう》教林坊《きょうりんぼう》の宗徳によって再興される。明治十五年（一八八二）、彦根城の槻御殿《けやきごてん》の一部が移築され、本堂となるも、平成五年（一九九三）に全焼。住持の尽力で平成十六年に新築された。全国的にも珍しい総白檀の千手千眼観音菩薩坐像が安置されている。なお、当寺は西国三十三所観音霊場の第三十二番札所として知られている。当寺の周辺には、佐々木六角氏の観音寺城跡（国史跡）をみることができる。

（木村至宏）

●地図94頁

主な年中行事
2月3日　御修法尊星王供
3月28日　繖峯修験道山開回峯
8月18日　千日会大法要
11月24日　天台大師会
11月28日　繖峯修験道山閉回峯
12月13日　御本尊御拭法要

交通　JR安土駅下車、桑實寺経由、徒歩90分。JR能登川駅から近江バス観音寺口下車、徒歩40分。

所在　近江八幡市安土町石寺2

電話　0748-46-2549

文化財・名所
総白檀千手千眼観音菩薩坐像
観音寺城址（国史跡）

第七十一番

湖東第十八番

繖山《きぬがさざん》 桑實寺《くわのみでら》

天台宗

本尊 薬師如来
開山 藤原定慧
西国薬師第四十六番札所

［御詠歌］ 南無薬師 衆病さい除の願なれば 於《お》のがみのかさ ここにぬきおき

繖山の西山麓にある天台宗の寺院で、本尊は薬師如来。桑実《くわのみ》薬師・桑峯《くわみね》薬師などとも呼ばれる。繖山の古代巨岩信仰と薬師如来の信仰とが結びついて、衆生の病苦を治す霊場と考えられていた。

室町幕府十二代将軍足利義晴《よしはる》が寄進した紙本著色桑実寺縁起（重文）によると、天智天皇の御願により、定慧《じょうえ》上人によって開かれたと伝える。南北朝時代の本堂（重文）は檜皮葺《ひわだぶき》、入母屋《いりもや》造の建造物で、天正四年（一五七六）に織田信長によって修理されている。文明十五年（一四八三）、佐々木六角氏によって三重塔が建立されたが、これは現存しない。享禄四年（一五三一）、足利義晴は六角定頼《さだより》を頼り、三年間当寺に住し、当寺正覚院を仮幕府とした。

江戸時代の『近江名所図会』などには本堂・鐘楼とともに鎮守・本坊・塔跡・井戸・塔頭《たっちゅう》などが描かれ、隆盛を極めていたが、寛政三年（一七九一）の暴風雨で本堂・三重塔などが大破。翌年に本堂は修復。明治維新には本堂と正寿院・千光院・宝泉坊の三ヶ寺となった。

（八杉 淳）

拝観時間 午前9時〜午後5時
拝観料 300円
主な年中行事 1月8日 初薬師護摩供法要
4月25日 開山忌
交通 JR安土駅下車、徒歩45分。
所在 近江八幡市安土町桑実寺292
電話 0748-46-2560
文化財・名所
本堂（重文）
紙本著色桑実寺縁起絵巻（重文）

●地図94頁

第七十二番
湖東第十九番

姨綺耶山《いきやさん》 長命寺《ちょうめいじ》

単立

本尊 千手十一面聖観世音菩薩
開闢 武内宿禰
開基 聖徳太子
西国観音霊場第三十一番札所
近江西国第二十一番札所
神仏霊場滋賀第十一番札所

【御詠歌】 八千年《やちとせ》や 柳に長き命寺 運ぶ歩みのかざしなるらん

長命寺山（標高三三三メートル）の山腹に長命寺があり、山麓から八百八段の石段を登る。西国三十三所観音霊場第三十一番札所である。当寺からの琵琶湖の眺望はすばらしい。

寺伝によれば、景行天皇二十年に武内宿禰《たけのうちのすくね》が山に登り、柳の大木に「寿命長遠諸願成就」を刻み長寿を祈願したという。のち聖徳太子が来山したとき老翁から「この霊木で仏像を刻み、それを安置し伽藍を建てよ」とのお告げがあった。太子は千手十一面聖《しょう》観音像を刻み、本堂を建立したという。

堂舎はいくつかの兵乱で灰燼に帰したが、大永四年（一五二四）に本堂（重文）が再建。桁行七間という大建造物である。美しい檜皮葺《ひわだぶき》の三重塔（重文）・護摩堂（重文）・本堂・三仏堂（県指定）・護法権現社《ごほうごんげんしゃ》（県指定）・鐘楼（重文）が、ほぼ横一線に並ぶ寺観はほかに例をみない。本尊は、厨子の中央に木造千手観音立像、向かって右に木造十一面観音立像、左に木造聖観音立像（いずれも重文）が安置され、三尊一体として祀られており、秘仏である。

（木村至宏）

●地図95頁

拝観時間 午前8時～午後5時

主な年中行事
1月1～3日 修正会
2月1日 開山会
8月1～2日 千日会

交通 JR近江八幡駅から、近江鉄道バス長命寺下車、徒歩20分。

所在 近江八幡市長命寺町157

電話 0748-33-0031

文化財・名所
本堂・三重塔・鐘楼・護摩堂（いずれも重文）
三仏堂・護法権現社（ともに県指定）
千手観音立像・毘沙門天立像・十一面観音立像・地蔵菩薩立像・聖観音立像（いずれも重文）
六所権現影向石
修多羅岩（武内宿禰御神体）
その他寺宝多数

第七十三番
湖東第二十番

村雲御所《むらくもごしょ》 瑞龍寺門跡《ずいりゅうじもんぜき》

日蓮宗

本尊 一塔二尊四菩薩
開山 瑞龍院日秀尼
中興 瑞正文院宮日尊尼
通称 村雲御所

［御詠歌］
ひとりでくよくよなやむのは　暗いくらい雲の中　どんなことでも
瑞龍寺まいり　仏のちえでひかりさす

大杉町のバス停から日牟禮《ひむれ》八幡宮の境内を抜けると八幡山ロープウェイの乗り場がある。天正十三年（一五八五）、関白豊臣秀次はこの山に八幡山城を建て、近江八幡を城下町として整備した。しかし、十年後の文禄四年（一五九五）、秀次は太閤秀吉によって高野山で切腹させられ、京都の聚楽第《じゅらくだい》破却と同じく、八幡山城も廃城となった。秀次生母・日秀尼《にっしゅうに》（秀吉の姉）がわが子の菩提を弔うために文禄五年に創建したのが瑞龍寺である。後陽成《ごようぜい》天皇から京都村雲（上京区堀川今出川）の地と寺号を賜り、創建された。秀次所縁の地として八幡山に寺が移されたのは昭和三十六年（一九六一）のことである。伽藍がある一帯は本丸跡であり、琵琶湖の眺望も優れている。

当寺は、二世以下歴代、有栖川《ありすがわ》宮・伏見宮・九条家・二条家・鷹司《たかつかさ》家から尼僧が入寺し、日蓮宗唯一の門跡寺院となった。九世瑞正文院宮日尊尼《ずいしょうもんいんのみやにっそんに》は、天明の大火で焼失した伽藍を再建し、中興の祖と仰がれている。

（編集局）

●地図95頁

拝観時間 午前9時～午後5時
拝観料 300円
主な年中行事 6月第一日曜 八幡山地蔵尊まつり
交通 JR近江八幡駅から近江鉄道バス大杉町下車、八幡山ロープウェイ乗り換え、徒歩5分。
所在 近江八幡市宮内町19-9
電話 0748-32-3323
文化財・名所 尼門跡御殿 妙法の庭

第七十四番
湖東第二十一番

比牟礼山《ひむれさん》 願成就寺《がんじょうじゅうじ》

天台宗

本尊 十一面観世音菩薩
開山 聖徳太子

［御詠歌］ よをうみの　ねがいのそこや　ひむれやま　はれしおもいの　ためしあるには

近江八幡市街を見下ろす鶴翼山（八幡山）の一角に建つ天台寺院で、聖徳太子の発願《ほつがん》になり、四十八ヵ寺建立の願いが成就したのでこの寺名になったと伝えている。山中に建っていたと伝えられる上社も、現在は山麓の日牟《ひむ》禮《れ》八幡宮に合祀されているが、当寺はその神宮寺として、山中に建てられていた。その上社同様に、豊臣秀次による八幡城築城に際して、現在地に移転したという。南北朝時代には後光厳《ごこうごん》天皇の行幸が記録され、中世の記録などによると、多くの塔頭《たっちゅう》寺院が記録されており、鶴翼山は、信仰の霊地として繁栄していたことが分かる。

本尊の木造十一面観音立像（重文）をはじめ、地蔵堂に安置される二軀の地蔵菩薩立像は、等身の本尊像である木ノ中地蔵尊（重文）が鎌倉時代の作になるもので、その前立尊である満願寺地蔵尊（県指定）が平安時代の作とみられる。

（高梨純次）

●地図95頁

主な年中行事
1月18日　初観音大般若経転読
3月25日　春季大護摩供
7月第一土曜　千日会(祇園さん)
土用の丑　きうりふうじ
9月23日　木ノ中地蔵尊御開帳

交通　JR近江八幡駅から近江鉄道バス小幡町下車、徒歩5分。

所在　近江八幡市小船木町73-1

電話　0748-33-4367

文化財・名所
十一面観音立像・木ノ中地蔵尊（ともに重文）
満願寺地蔵尊（県指定）
松尾芭蕉句碑
四国八十八ヶ所お砂踏み霊場

第七十五番
湖東第二十二番

補陀洛山《ほだらくさん》 長光寺《ちょうこうじ》

高野山真言宗

本尊 千手子安観世音菩薩
開山 武川綱
開創 聖徳太子
再興 玄広木食上人

［御詠歌］ やみじには まよいぞはて志《し》 ほだらくの みのりの月の 長き光りに

近江八幡市長光寺にあり、高野山真言宗の寺院である。本尊は千手子安観世音菩薩。聖徳太子の建立と伝えられ、『源平盛衰記《げんぺいじょうすいき》』では、皇子后高階《たかしな》姫の出産にまつわる奇譚も残る。南北朝から戦国期にかけては、当寺が長光寺城跡にみられるように城塞化し、街道に近接していることから、足利尊氏・義詮《よしあきら》に擁立された後光厳《ごこうごん》天皇は、南朝方に追われて当寺に入寺するなどした。

永禄十一年（一五六八）、織田信長によって落城。その後、長光寺村領主であった松平定綱により再興。本堂には、平安時代の木造阿弥陀如来坐像（市指定）を安置する。

寺の境内には国内最南端とされる、「ハナノキ」（県天然）がある。寺の縁起によれば、聖徳太子が当寺の建立のあかしとして植えられた一名「はなかえで」といい、「おたふくの木」とも呼ばれている。

（八杉 淳）

●地図95頁

主な年中行事
1月21日 初弘法
2月3日 節分星祭大護摩法要
4月21日 弘法大師正御影供
8月17日 本尊千手観音千日会
12月21日 終弘法

交通 近江鉄道武佐駅下車、徒歩10分。

所在 近江八幡市長光寺町694

電話 0748-37-7743

文化財・名所
阿弥陀如来坐像（市指定）
ハナノキ（県天然）
木造獅子頭（市指定）

第七十六番
湖東第二十三番

報身山無量院《ほうしんざんむりょういん》 弘誓寺《ぐせいじ》

浄土宗

本尊 阿弥陀如来
開山 観誉音阿
那須の七弘誓寺の一

［御詠歌］ 来て見ればよそにかわりて草も木も　御法にもれぬ露の色かな

東近江市建部《たてべ》下野町《しものちょう》にある。近江七弘誓寺のひとつで、建部弘誓寺と呼ばれる。浄土宗で、本尊は阿弥陀如来。

文永七年（一二七〇）の起立で開山は音阿。寺伝によれば、初めは建部社の神宮寺で大願寺と称し、神主建部家代々の菩提所であった。正元年間（一二五九～六〇）に那須《なす》氏が下野《しもつけ》国から建部の領主になって、この地に移り七弘誓寺を建てた際に、この寺を改称しその一つとしたという。

近世初期には京都知恩院直末で、神崎・蒲生《がもう》・愛知《えち》郡内に末寺三十二ヵ寺を擁する大寺院であった。元禄二年（一六八九）の鉄砲改めの際、安土浄厳院《じょうごんいん》末になり、当寺と末寺のうち十八ヵ寺が浄厳院末として書きあげられた。彦根藩井伊家との関係も深く、井伊家代々の位牌が安置されている。また、井伊直孝が大坂の陣後に当寺を宿舎とし、その際に本堂・客殿を建立したと伝える。

（八杉 淳）

●地図94頁

主な年中行事
5月25日　御忌法要
11月14日　御十夜法要
交通　近江鉄道河辺の森駅下車、徒歩5分。
所在　東近江市建部下野町282
電話　0748-22-0644
文化財・名所
法然上人焼残御名号

第七十七番
湖東第二十四番

玉尾山《たまおざん》 願成寺《がんじょうじ》

曹洞宗

本尊 聖観世音菩薩
開基 聖徳太子
再興 三栄本秀

［御詠歌］ 名にしおう玉の緒山の月はなを　名に光をそへて　世を照すらん

名神高速道路のガード下を通り抜けると、願成寺はある。寺伝によれば、聖徳太子草創の寺院で、推古天皇二十七年（六一九）の開基。織田信長の比叡山焼き打ちの頃に同じく焼かれたとのことだが、本尊の観世音菩薩だけは山中に隠され難を逃れた。以後、草庵にすぎなかったが、寛永元年（一六二四）頃に寺の再興を計り、以後曹洞宗寺院となって現在にいたる。

秘仏の本尊聖《しょう》観世音菩薩は、聖徳太子の母の姿を写したものといわれる。昔、盗賊が寺に忍び込み、当時の住職を殺害しようと刀で切りつけたところ、住職の身体には傷がなく、観音様の背中に刀傷があったことから、身代わり観音として近在の信仰を集めている。

また有名な人魚伝説は、願成寺の末庵にいた美しい尼僧と可愛らしい小姓にまつわる物語である。村人が、毎日お手伝いに通って来るようになった小姓の後をつけると佐久良川へと消えたので、投網で捕まえたところ、人魚であった。尼僧を困らせたとしてミイラにされ、その後見せ物になって人手に渡った。しかし、夜な夜な泣き声が聞こえたり、所有の家に不幸があったりするため、気の毒に思った人たちの手で、今は亡き尼僧の眠る願成寺に祀られたという（特別公開以外は非公開）。（編集局）

●地図97頁

主な年中行事
1月17日　初観音
8月7日　施食会
8月16日　観音千日会
12月17日　納観音

交通　JR近江八幡駅から近江鉄道バス川合下車、徒歩5分。または近江鉄道京セラ前駅下車、徒歩15分。

所在　東近江市川合町950

電話　0748-55-0155

文化財・名所
人魚のミイラ（非公開）
石水船（正安四年在銘）
仏足跡（天保十三年在銘）

第七十八番
湖東第二十五番

雪野山 龍王寺《ゆきのざん りゅうおうじ》（雪野寺《ゆきのでら》）

天台宗

本尊 薬師瑠璃光如来
開山 行基菩薩

［御詠歌］ 南無薬師　萬《ま》ん病《びょう》せしを願《ねご》たれば　頼むその身はすくいまします

竜王町川守の、日野川東岸の雪野山山麓に建つ天台宗の寺院で、本尊は薬師如来。古代寺院の雪野寺を継いだものとして、寺伝では十一世紀頃に龍王寺と改めたとしている。昭和九年（一九三四）から発掘調査が実施され、瓦をはじめとして、軒に吊るす風鐸《ふうたく》や塑像《そぞう》の断片多数が出土、七世紀後半あたりに建造された塔跡とされている。また、近年の測量や発掘調査によって、講堂の遺構なども確認されており、古代寺院雪野寺の全体像も見え始めている。

鐘楼に伝えられる梵鐘（重文）は古様の趣になるもので、奈良時代後半の鋳造と考えられ、雪野寺の遺品を伝えたものとされている。このように、白鳳寺院の遺構を残しつつ、伝世品も伝えながら古代寺院が継承される例は極めて珍しい。また、本尊を守護する木造十二神将像（重文）は、鎌倉時代の造像になる堅実な作で、一具として完存している様は壮観である。

（髙梨純次）

●地図97頁

拝観時間　午前9時～午後5時
拝観料　300円
主な年中行事
1月3日　元三大師会
2月3日　節分会
仲秋　へちま加持祈祷会
9月15日　ぼけ封じ祈願
交通　JR近江八幡駅から近江鉄道バス川守下車、徒歩10分。
所在　蒲生郡竜王町川守41
電話　0748-57-1166
文化財・名所
十二神将立像（重文）
龍寿鐘殿の梵鐘（重文）

第七十九番
湖東第二十六番

阿育王山《あしょかおうざん》 石塔寺《いしどうじ》

天台宗

本尊 聖観世音菩薩
開山 聖徳太子
近江西国第二十二番札所

［御詠歌］ 世に高き阿育王塔《あしょかおうとう》 忍びつつ 詣でて叶え自他の幸せ

湖東の真ん中に張り出す布引丘陵に建つ天台寺院で、阿育王山と号する。聖徳太子が近江に建立した寺院の一つと伝えられるが、平安時代の寛弘三年（一〇〇六）に三重石塔が掘り出されたことによって、寺号を石塔寺とした。この本堂裏山に建つ石造三重塔（阿育王塔・重文）の姿は、百済系渡来人の関与を窺わせるが、八世紀頃、一時的に寺院が衰退したため詳細はこの時すでに分からなくなっている。インドのアショーカ王（阿育王）が造った仏舎利塔の一つと伝わるこの石塔の霊験譚は、平安時代の記録にもみられ、都の貴族の参拝も盛んであった。また、中世には、多くの五輪塔や石仏が建立され、石造塔のいくつかは重要文化財に指定されている。

戦国時代には、寺領の没収などの憂き目にあうが、江戸時代に慈眼大師《じげんだいし》天海《てんかい》の弟子の行賢《ぎょうけん》などによって再興され、近代に至っても整備が進み、現在のような石塔が密集する独特の景観を作り上げるに至っている。（髙梨純次）

●地図97頁

拝観時間
午前9時～午後5時
拝観料　400円
主な年中行事
8月22日前後の日曜
万燈祭（石塔フェスティバル）
交通　近江鉄道桜川駅下車、徒歩30分。または近江鉄道桜川駅から湖国バス石塔口下車、徒歩15分。
所在　東近江市石塔町860
電話　0748-55-0213
文化財・名所
阿育王塔・石造宝塔・石造五輪塔（いずれも重文）

第八十番
湖東第二十七番

法輪山《ほうりんざん》 正明寺《しょうみょうじ》

黄檗宗

本尊 千手観世音菩薩
創建 聖徳太子
中興 龍渓性潜
近江西国第二十四番札所
後水尾天皇勅願所

［御詠歌］ 法の輪の山をめぐりてただたのめ　しるしぞ正に明らけき寺

日野町松尾に建つ黄檗《おうばく》宗の禅刹で、法輪山と号する。聖徳太子の創建と伝えるが、江戸時代に至って永源寺の一絲文守《いっしぶんしゅ》によって再興され、後に萬福寺の龍渓性潜《りょうけいせいせん》が入寺し、近江の黄檗宗の中心としての立場を確立する。正保二年（一六四五）に建立された本堂（重文）は、京都御所の清涼殿を移した建物。その他、禅堂、開山堂、方丈などが建ち禅刹の趣をよく伝えている。

また、黄檗宗に独特の頂相《ちんぞう》として喜多元規《きたげんき》が描いた龍渓性潜像がある。本尊は、千手観音立像（重文）と両脇に不動明王・毘沙門天立像（ともに重文）を配するもので、素地仕上げとなる南北朝時代頃の精緻な刀技になる作例。このような不動明王と毘沙門天を脇侍とする三尊形式は、比叡山延暦寺の横川《よかわ》中堂の安置形式に起源するといわれるもので、禅刹になる前の正明寺の長い歴史を物語っている。

また、木造大日如来坐像（県指定）は、本尊像よりさかのぼる鎌倉時代の堅実な作であり、近江では比較的珍しい金剛界の主尊である。

（髙梨純次）

●地図96頁

主な年中行事
8月4～15日　万燈会
8月5日　徳本上人念仏会
10月19日　後水尾法皇忌

交通　JR近江八幡駅または近江鉄道日野駅から、近江鉄道バス横町下車、徒歩15分。

所在　蒲生郡日野町松尾556

電話　0748-52-0227

文化財・名所
本堂（重文）
千手観音菩薩立像・不動明王立像・毘沙門天立像（いずれも重文）
大日如来坐像（県指定）
後水尾天皇勅額
鉄眼一切経初版本
徳本上人六字名号碑

近江湖南二十七名刹霊場案内

写真 ■ 平松のウツクシマツ

日野町
甲賀市
土山町
甲賀町
日野水口グリーンバイパス
中畑
迫谷川
深山口
寺尻
南砂川
鎌掛
鎌掛の屏風岩
正法寺
広域農道
小岳
鎌掛
303
砂川
下駒月
安楽寺
迫
第三緑ヶ丘
上駒月
新城
布引山
今郷
岩上橋
新岩上橋
大野西
東海道
大野
頓宮新池
嵯峨
千光寺
徳原
八幡神社
長池
和野
徳原
鹿深大橋
野洲川
頓宮
垂水斎王頓宮跡
白川橋
市場
頓宮
前野
滝樹神社
岩室橋
長坂山
262
中村
小佐治
佐治川
神保
岩室
隠岐
法蔵院
大澤
常楽寺
大沢川
佐治新田
新名神高速道路
甲賀土山IC
甲賀の里忍術村
和田川
鳥居野
大橋川
大鳥神社
大原上田
高野
相模
金龍寺
大戸川
寺井
相模
延命寺
石節池
大原川
甲賀中央公園
大原市場
甲賀支所前
広域農道
大日池
檜尾神社
甲賀
大原中
櫟野川
南4 檜尾寺
滝
片山
南5 櫟野寺
南6 龍福寺
長福寺
鹿深台
櫟野
新大日池
0
2km

130頁

南1 願隆寺
南2 大池寺
南3 大徳寺
南7 正福寺
南8 玉桂寺
南9 園養寺
湖南市
甲賀市
甲南町
信楽町
水口工業団地
朝国
横田橋
三雲
県道三雲
カインズモール甲賀
北泉
伴谷口
泉
さつきが丘口
里北脇
北脇
東海道
酒人
植
宇田
西林口
東林口
水口
南林口
水口城跡
水口高
水口城南
水口町
水口石橋
水口病院
甲賀病院
大岡寺
善福寺
古城山
岡山城跡
秋葉
古城が丘
水口東高
朝日が丘
新町
古城が丘公園
松尾
松尾団地
水口松尾
弁天池
名坂
西名坂
アルプラザ
水口神社
西友
水口橋北詰
水口橋
山川橋
内貫橋
水口大橋北詰
水口大橋
北内貫
柏貴橋
野洲川
近江鉄道本線
三雲トンネル
烏ヶ嶽
485
新宇川橋
宇川
岩坂
最勝寺
杣川
高山
貴生川
みなくち総合公園
水口医療センター
生野虹の町
杣川新橋
飯道寺
圓光寺
庚申口
三大寺
広域農道
虫生野
希望ヶ丘
希望ヶ丘本町
稗谷
稗谷川
耕心
JR草津線
宝木
杣中
牛飼
森尻
深川
城川
東光寺
宮川
市原
塩野
矢川橋西
矢川橋
甲南
東口池
甲南中央運動公園
平谷池
山上
塩野温泉
滝川
広徳寺
信楽高原鐵道
甲南トンネル
滝川橋
甲南大橋
野田
葛木
大池
宮乃温泉
杉谷
杉谷川
新治
勢田寺
甲南PA
甲賀流忍術屋敷
寺庄
甲南高
磯尾川
竜法師
マックスバリュ
野尻
新杣川橋
嶺南寺
甲南IC
法林寺
勅旨
宇田出
天神社
近江グリーンロード
大戸川
玉桂寺前
滋賀県立陶芸の森
谷寛窯
伝統産業会館
長野
信楽
東出
平和堂
丸の内
信楽高
信楽グリーンハイツ
野田池
里祭池
岩附神社
百々池
鴻川
磯尾
杣子
下野川
池田
長野川
53
4
121
307
337
180
537
123
128
127
49
133
134
12

97頁

希望ヶ丘観光ぶどう園
三井アウトレットパーク
滋賀竜王
薬師
小口
松が丘
綾戸
岩井
日野川橋
新池
東出
外原町
田中
惣四郎川
竜王I.C南
竜王IC
竜王町総合運動公園
広域農道
山之上
山王神社
専修寺
希望ヶ丘文化公園
青年の城
岡屋
永正寺
宮川町
仁殿池
祖父川
竜王ゴルフコース
ダイハツ工業
長峰団地
竜王町
山中
妙法寺
下田
岩根山
正福寺
南14 正福寺
東正福寺
大谷団地
日枝町
下田南
▲405
十二坊
若竹町
西峰町
高松公園
八田
田代が池公園
高松町南
水戸町
十二坊温泉ゆらら
甲西大橋
甲西橋
南13 善水寺
梅影町
小砂町
春日西
平松
中央
平松北
平和堂
甲西
野洲川
岩根
岩根中央
大池町
春日
家棟川
甲西中央橋
夏見
広野台
耕地池
甲賀市
伴中山
針
報恩寺
夏見
下山
坊谷川
水口町ひのきが丘
東海道
新生橋
朝国
九品寺
さつきが丘
夏見
大沙川
吉永
南11 観音寺
吉見神社
甲陽台
横田橋
カインズモール甲賀
水口工業団地
北泉
伴谷口
泉
三雲
さつきが丘口
里北脇
湖南市青少年自然道場
北脇
南10 妙感寺
県道三雲
東海道
荒川
南9 園養寺
酒人
植
西林口
泉ヶ丘団地
上乗禅寺
三雲トンネル
宇田
林口
南林口

129頁

133頁
132頁
野洲高
野洲
平田病院
野洲川橋
吉見三
野洲川河川公園
JR東海道新幹線
岡町
立入町
住吉神社
浮気町
野洲川運動公園
妙光寺
妙光寺山
▲267
小篠原
南24 宗泉寺
三上
中山道
希望ヶ丘文化公園
滋賀県森林センター
里の家
ふるさと館
桜池
近江富士花緑公園
御上神社
妙見堂跡
三上山
▲432
御上神社前
三上小前
野洲市
北櫻
ハイウェイサイドタウン
野洲川大橋
出庭
辻
アグリの郷栗東
宅屋
高野公園
近江富士
南櫻
菩提寺PA
菩提寺
近江台
菩提寺公園
済生会病院
高野
大橋
栗東第二IC
林
南19 新善光寺
名神高速道路
西応寺
北山台
菩提寺
廃少菩提寺石造多宝塔および石仏
阿弥陀院
正念寺
斎神社
六地蔵
薬師如来堂
旧和中散本舗
伊勢落
野洲川橋
東海道
野洲川
栗東高
生田病院
小野
万年寺
安養寺
栗東IC
国際情報高
栗東市環境センター
北
中郡橋
栗東水口道路
自然観察の森
安養寺
石部
西
石部口
栗東健康運動公園
安養寺山公園
北の山
緑台
石部
湖南市
吉御子神社
中央
平和堂
西庁舎
東
JR草津線
金勝川
上砥山
雨山
岡出
丸善
宝来坂
宮の森
栗東市
柑子袋
御園
石部が丘
南
平松
南12 南照寺
丸山
金勝公民館
石部高
ウツクシマツ自生地
227▲
美松山
東山台
栗東トレーニングセンター
東坂
大野神社
細川
南16 阿弥陀寺
金勝川
南15 常楽寺
広野川
落合川
荒張
春日神社
金勝寺里坊
南18 敬恩寺
井上
赤松台
西寺
長寿寺
東寺
正徳寺
穴口川
鶏冠山
▲491
南17 金胎寺
観音寺
0
1
2km
こんぜの里りっとう

133頁

131頁

20頁

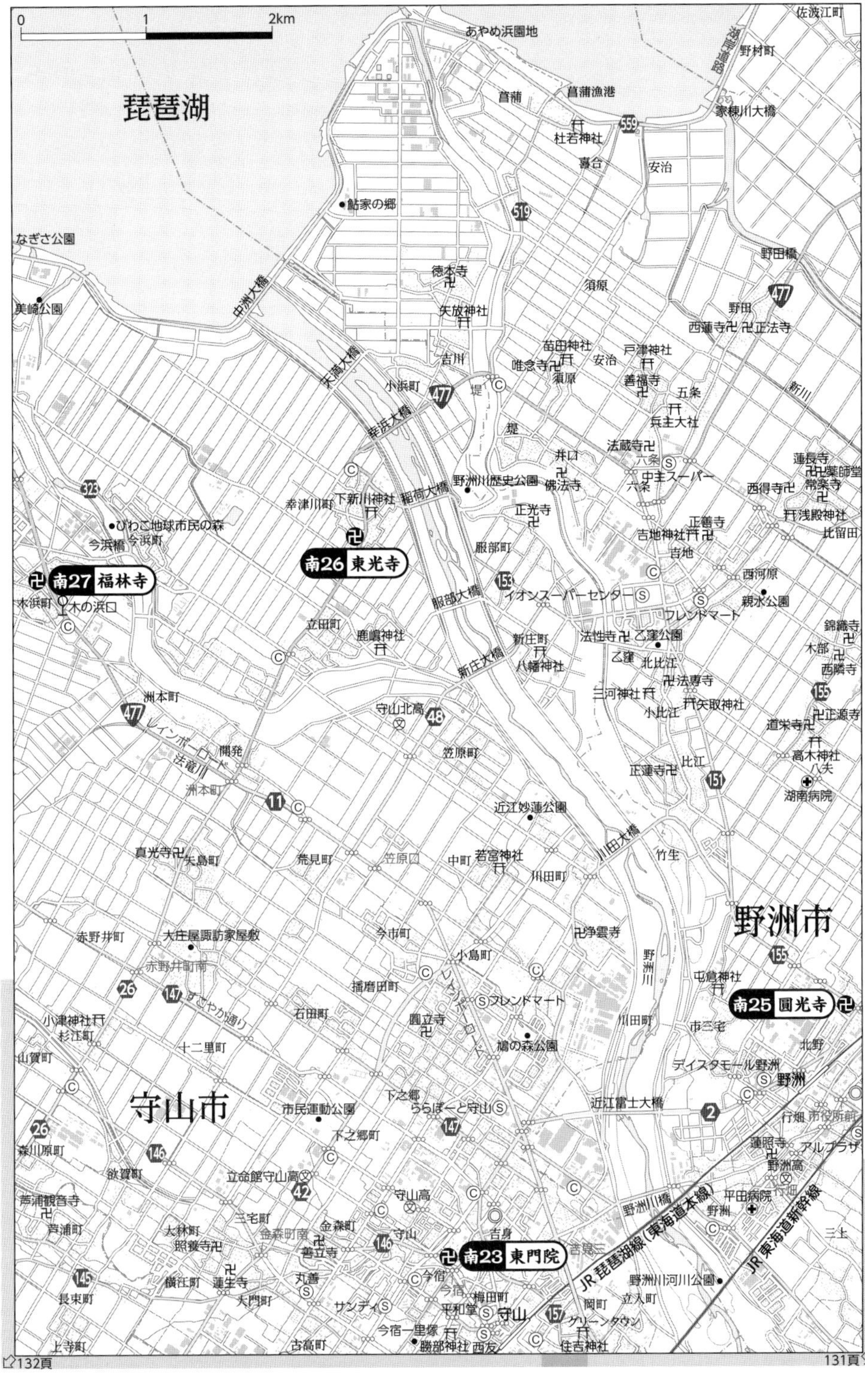
0
1
2km
琵琶湖
あやめ浜園地
菖蒲
菖蒲漁港
杜若神社
559
暮合
安治
佐波江町
野村町
湖岸道路
家棟川大橋
519
鮎家の郷
なぎさ公園
美崎公園
中洲大橋
徳本寺
矢放神社
須原
野田橋
477
野田
西蓮寺
正法寺
苗田神社
唯念寺
安治
戸津神社
善福寺
吉川
天満大橋
小浜町
提
五条
兵主大社
新川
幸浜大橋
提
井口
法蔵寺
六条
中主スーパー
蓮長寺
薬師堂
常楽寺
西得寺
323
下新川神社
稲荷大橋
野洲川歴史公園
佛法寺
幸津川町
正光寺
浅間神社
比留田
びわこ地球市民の森
今浜橋
今浜町
正善寺
吉地神社
吉地
南26
東光寺
服部町
西河原
南27
福林寺
153
服部大橋
イオンスーパーセンター
フレンドマート
親水公園
木浜町
木の浜口
立田町
鹿嶋神社
新庄町
法性寺
乙窪公園
錦織寺
木部
乙窪
北比江
西勝寺
新庄大橋
八幡神社
法専寺
三河神社
矢取神社
155
洲本町
477
守山北高
48
小比江
道栄寺
正源寺
レインボーロード
開発
笠原町
高木神社
法竜川
八夫
正蓮寺
比江
151
湖南病院
洲本町
11
近江妙蓮公園
川田大橋
竹生
真光寺
矢島町
荒見町
笠原
中町
若宮神社
川田町
野洲市
赤野井町
大庄屋諏訪家屋敷
今市町
浄雲寺
赤野井町南
小島町
野洲川
屯倉神社
155
26
147
さざなみ通り
播磨田町
フレンドマート
南25
圓光寺
小津神社
杉江町
石田町
圓立寺
川田町
市三宅
十二里町
鳩の森公園
北野
山賀町
デイスタモール野洲
野洲
守山市
下之郷
市民運動公園
ららぽーと守山
近江富士大橋
2
行畑
市役所前
26
下之郷町
147
アルプラザ
森川原町
146
蓮照寺
野洲高
欲賀町
立命館守山高
芦浦観音寺
42
三宅町
守山高
野洲川橋
JR琵琶湖線（東海道本線）
平田病院
野洲
JR東海道新幹線
三上
芦浦町
太林町
金森町
金森町南
146
守山
吉身
照覆寺
善立寺
南23
東門院
吉身三
145
横江町
蓮生寺
丸善
今宿
野洲川河川公園
長束町
大門町
サンディ
梅田町
平和堂
守山
157
岡町
立入町
グリーンタウン
上寺町
古高町
今宿一里塚
勝部神社
西友
住吉神社

132頁
131頁

湖南の風土

木村至宏

湖南の地域は、琵琶湖から南部・南東部のいわゆる鈴鹿《すずか》山系、ならびに三重県・京都府の一部に接し、その範囲は広域に達する。地形的にも大和《やまと》（南都）との文化的交流がみられた地域であった。

この地域には水口《みなくち》丘陵をはじめ、大小の丘陵が散在する。ほぼ中央には、鈴鹿山系に水源をもつ近江太郎とよばれる野洲川《やすがわ》とその分流の杣川《そま》が東西に流れ、琵琶湖に注いでいる。とくに野洲川流域は、「野洲平野」とよばれ滋賀県下では最も広い面積を有し、古くから早く開けて、人々の営みの足跡を数多く残しているところである。また、野洲川筋に沿って日本の幹線道の代表の一つ東海道が東西に通じ、文化や情報伝達に大きな影響を及ぼした。

一方、近江の最南端に位置する鈴鹿山系油日岳《あぶらひだけ》

草津宿本陣（草津市草津）。草津宿は、東海道と中山道の分岐点として重要な位置を占める宿場町であった。ほぼ完全な形で残っている日本を代表する本陣の遺構として、国の史跡に指定されている。

の麓を訪れた白洲正子《しらすまさこ》氏は、その著書『かくれ里』に「鈴鹿の山麓にこんな豊かな平野が展開しているとは、今まで思いもしなかった」とあるように、山麓の丘陵地と丘陵地の間にまでくまなく田畑が広がっている。

湖南の数多くの寺院も、ほかの地域とほぼ同じように開基伝承については、奈良時代の行基《ぎょうき》菩薩・聖徳太子がみられる。とくに杣川流域を含む野洲川流域には、当初は南都系の寺院として開かれたのち、平安時代の伝教大師《でんきょうだいし》最澄《さいちょう》の中興あるいは開基と伝える天台寺院が多いことが注目される。なかには開基伝承だけでなく、霊場の中には最澄自らが彫ったと伝える観音菩薩像を安置する櫟野寺がある。このように湖南の地には、比叡山を開く前にその材木をもとめてこの地を通行したという伝承も残されている。

狛坂磨崖仏（栗東市荒張）。竜王山中に所在する、高さ6.3メートル、幅4.5メートルの花崗岩に彫られた堂々たる如来三尊像。奈良時代後期に新羅系の工人によって彫られたと推定され、国の史跡に指定されている。湖南の古代仏教文化を今に伝える。

第八十一番
湖南第一番

松尾山松林院《まつおざんしょうりんいん》 願隆寺《がんりゅうじ》

天台宗

［御詠歌］　静かなる松尾のやまの願隆寺　瑠璃の光のあらんかぎりは

水口《みなくち》の北郊、松尾の集落を見下ろす高台にあり、天平六年（七三四）の創建と伝える。山を開いた境内に建つ大型の本堂には、本尊薬師如来坐像を収めた厨子《ずし》を中心に諸仏が配置される。本尊は秘仏だが、脇侍の日光・月光《がっこう》両菩薩立像（重文）は等身像で、平安末期特有の優美さをたたえ、その左右には薬師如来を守護する十二神将像が並ぶ。

庫裏は本堂の北側下段にあり、本堂とは斜面にのびる廻廊がつなぐのが珍しい。春にはここにシャクナゲが咲く。庫裏の中心をなす阿弥陀堂には、やはり平安末期の造像になる木造阿弥陀如来坐像（重文）が安置される。天台宗に属するが、里人の檀那寺としても崇敬されてきたのである。

甲賀《こうか》の古寺にふさわしく、年頭には本堂において村人の出仕のもとに薬師オコナイ（修正会《しゅしょうえ》）が伝えられ、本尊薬師如来に雪だるまの形を模した餅が献じられる。市街地近郊にありながら山寺の風情がただよう古刹である。

（米田 実）

本尊 薬師如来
中興 盛賢

主な年中行事
1月8日　薬師オコナイ
1月17日　観音オコナイ

交通　JR貴生川駅から甲賀市コミュニティバス八田線松尾下車、徒歩5分。または近江鉄道水口松尾駅下車、徒歩20分。

所在　甲賀市水口町松尾1290

電話　0748-62-2777

文化財・名所
日光菩薩立像・月光菩薩立像・阿弥陀如来坐像（いずれも重文）

●地図129頁

第八十二番
湖南第二番

龍護山《りゅうごさん》 大池寺《だいちじ》

臨済宗
妙心寺派

【御詠歌】　今もなほ　心の文字の池の面《も》に　真如の月は影澄みにけり

水口《みなくち》の北郊、名坂《なさか》の集落から北に続く山あいの切り通しを進むと、前方が豁然《かつぜん》とひらけ、甍《いらか》を輝かせる本堂が正面に見えてくる。寺伝によれば当寺は天平年間（七二九〜四九）、行基《ぎょうき》菩薩の創建と伝え、その後天台宗となり、さらに禅宗へと転じたという。古くは邯鄲山《かんたんざん》青蓮寺《しょうれんじ》と称したが、寛文七年（一六六七）に妙心寺の丈巖慈航《じょうがんじこう》禅師が、当寺に留《る》錫《しゃく》して復興にあたり、龍護山大池寺の名が定まった。

毎年初夏ともなれば遠近からの人出でにぎわうが、そのお目当ては書院の東側に作られた庭である。サツキの大刈り込み観賞式枯山水庭園で「蓬莱《ほうらい》庭園」の名がある。寺伝では水口城の作事を奉行した小堀遠州《こぼりえんしゅう》（政一）の作とされ、開花時はもとより、四季折々に変化を見せ飽きることがない。

また、丈巖によって再建された本堂は、床を貼らず瓦のような磚《せん》を敷きつめているのが珍しい。その中央に安置される本尊の木造釈迦如来坐像（市指定）は、堂々たる丈六《じょうろく》像だが、平安末期の造像らしく穏やかな姿を見せる。庭園とともにぜひ拝観しておきたい。

（米田 実）

本尊　釈迦如来
開山　行基菩薩
中興　丈巖慈航
小堀遠州作　蓬莱庭園

●地図129頁

拝観時間　午前9時〜午後5時（冬季は4時まで）12月25日〜1月1日の午前まで、8月11日〜17日は拝観不可
拝観料　400円
主な年中行事
1月3日　オコナイ
2月1日　開山忌
2月15日　涅槃会
4月8日　花祭り
12月8日　成道会
交通　JR貴生川駅から甲賀市コミュニティバス広野台線大池寺下車すぐ。または近江鉄道水口駅下車、徒歩20分。
所在　甲賀市水口町名坂1168
電話　0748-62-0396
文化財・名所
蓬莱庭園（市名勝）
釈迦如来坐像（市指定）
大般若経（市指定）

第八十三番
湖南第三番

家松山清浄慶院《かしょうざんしょうじょうけいいん》 大徳寺《だいとくじ》

浄土宗

［御詠歌］
法水《ほっすい》の古《えに》し浄《きよ》らな家松の庭に　み名を称えし徳《のり》のみふねに

当寺は東海道の宿場町、水口《みなくち》藩の城下町として繁栄した水口の市街のほぼ中央に寺地を構える。古くは禅宗であったが、天正十六年（一五八八）に浄土宗に転じた。同宗寺院としては江戸時代を通じ「甲賀《こうか》の中本山」として重んじられた。本堂は平成二年（一九九〇）の再建だが、広大な境内や街道に向かって建つ山門や石垣などが、当寺の格式を今に伝えている。徳川家康は上洛の途次、しばしば当寺に休泊しており、山門脇にはその「腰掛石」が伝えられる。そもそも「家松山」の山号は、徳川家康の「家」と松平の「松」の字からとったもの、寺号も家康の命名と伝える。三代将軍家光以降は、歴代将軍より寺領朱印状を下付されており、その写しが今も保存されている。

境内の南西には大きな五輪塔が建つ。天保十三年（一八四二）、幕府の土地検分に対し、甲賀・野洲《やす》両郡の農民が蜂起した「天保一揆」の犠牲者のため、事件後に建てられた供養塔で、将軍家ゆかりの深い寺としては異例で、今も香華が絶えることがない。宿場町の散策とあわせて訪れてみたい。（米田 実）

本尊 阿弥陀如来
開山 叡誉上人
開基 中村一氏

主な年中行事
2月 涅槃会
3月 春季彼岸会
5月 御忌会
8月 施餓鬼会
9月 秋季彼岸会
10月 十夜法要会
12月 成道会

交通 近江鉄道水口石橋駅下車、徒歩5分。
所在 甲賀市水口町本町3丁目3-46
電話 0748-62-0077
文化財・名所
徳川家康腰掛石
長束正家守護 阿弥陀如来立像

●地図129頁

第八十四番
湖南第四番

補陀落山《ふだらくざん》 檜尾寺《ひのおじ》

天台宗

本尊 千手観世音菩薩
開山 伝教大師最澄
近江西国第三十番札所

［御詠歌］ ふだらくの峰より落つる滝の水 たえぬ流れや池田なるらむ

「杣谷《そまだに》」と呼ばれる野洲《やす》川支流の杣川流域には、多くの天台宗寺院が存在するが、開基を聖徳太子、あるいは伝教大師最澄とする所が多い。特に後者の場合、最澄が延暦寺の創建にあたり、この地に良材を求めたことによるという縁起が語られる。当寺もまた最澄の開基と伝え、往古は二十八院六坊を有する大寺であったという。境内は檜尾神社と接しており、神仏習合《しんぶつしゅうごう》時代の面影を伝えるのも甲賀《こうか》らしい。近江西国観音霊場の第三十番札所でもある。

本尊の木造千手観音立像（重文）は、現在は本堂の東側に建つ収蔵庫に収められる。六尺余の堂々たる立像は、ヒノキの寄木造で、両膝から裾部にかけて翻波式《ほんぱしき》の衣文《えもん》が表現され、金色に輝くこととあわせて神々しさにあふれる。脇手は珍しく全て造像当時のものとされ、持物《じもつ》の一部にはさらに古い時代のものが含まれることから、古像の存在を前提とした鎌倉時代の復古的な作風を示すものと考えられている。おなじ収蔵庫内には等身の木造釈迦如来立像（市指定）も安置される。

（米田 実）

●地図128頁

主な年中行事
1月1～3日 本尊御開扉
2月1日 厄年祈祷（本尊御開扉）
3月春分の日 御田植祭（檜尾神社）
8月18日 観音採燈護摩（本尊御開扉）

交通 JR甲賀駅下車、徒歩15分。

所在 甲賀市甲南町池田43

電話 0748-86-3765

文化財・名所
千手観音立像（重文）
釈迦如来立像（市指定）
檜尾神社本殿（県指定）

第八十五番
湖南第五番

福生山自性院 櫟野寺《ふくしょうざんじしょういん らくやじ・いちいのでら》

天台宗

本尊　十一面観世音菩薩
開山　伝教大師最澄
近江西国第二十九番札所
湖国十一面観音霊場第八番札所

●地図128頁

［御詠歌］　名も高き　いちいのでらの前のかわ　うえなきのりの流れとぞみる

甲賀《こうか》市甲賀町櫟野《いちの》に位置する。当寺の本尊木造十一面観音坐像（重文）は、坐像の観音としては全国的にも類例がない像高約三メートルの巨像で、「櫟野《いちい》観音さん」と呼ばれ親しまれている。

当寺は、延暦《えんりゃく》十一年（七九二）、最澄が櫟の木を伐って本尊を自刻し安置したことにはじまるという。そして、世に鈴鹿山の鬼退治として名高い、坂上田村麻呂の鈴鹿峠の山賊追討に際して、同観音に祈願し、退治することができたと伝わる。大同元年（八〇六）、田村麻呂は観音堂を建立し、参詣した者には、子孫の長久・安産などに効があることを誓ったという。かつては「甲賀六大寺」の一つに数えられていたが、いくたびの兵乱に遭遇した。

当寺には、平安時代の本尊をはじめ、木造十一面観音立像、丈六の木造薬師如来坐像、木造毘沙門天立像、木造聖《しょう》観音立像、木造吉祥天立像、木造十一面観音立像二軀（いずれも重文）などの優品がある。それ以外にも当寺は「文化財の宝庫」といえるほど数多くの寺宝が保存されている。

（木村至宏）

拝観時間　午前9時～午後5時（冬季は4時まで）
拝観料　500円（特別拝観期間は600円）
主な年中行事
1月1～3日　修正会（本尊特別拝観）
2月17～19日　田村詣
4月18日　春まつり（～5月第二日曜まで春の特別拝観）
8月9日　千日詣り（本尊特別拝観）
10月18日　秋まつり・奉納相撲（～11月第二日曜まで秋の特別拝観）
12月18日　納め観音
交通　JR甲賀駅から甲賀市コミュニティバス大原線（土日祝運休）櫟野観音前下車すぐ。またはJR油日駅下車、徒歩35分。
所在　甲賀市甲賀町櫟野1377
電話　0748-88-3890
文化財・名所　十一面観音坐像（重文）その他寺宝多数

第八十六番
湖南第六番

向陽山《こうようざん》 龍福寺《りゅうふくじ》

天台宗

本尊 薬師如来
開基 伝教大師最澄
通称 滝の薬師

［御詠歌］ 南無薬師 衆病悉除《しつじょ》の願なれば 己がみのかさ ここに脱《ぬ》ぎおく

野洲《やす》川支流の杣《そま》川のほとり、南鈴鹿の霊峰として名高い油日岳《あぶらひだけ》をのぞむ鹿深《かふか》の地にあり、「滝の薬師さん」として信仰を集める。寺伝によれば伝教大師最澄が当地を訪れ、自ら薬師如来を刻んで安置したのがその始まりという。

本尊木造薬師如来坐像（重文）は像高百五十センチメートル、寄木造、彫眼、漆箔の坐像である。豊満で肉づきがよく、衣《え》文《もん》は整然として穏やかであることから、平安後期の造像と考えられる。毎年一月には前年に子供が生まれた家を頭屋《とうや》として、「エトエト」と呼ばれる行会（オコナイエ）が勤められる。行会は民俗化した修正会《しゅしょうえ》であり、子孫繁栄と村落安全を祈る。甲賀《こうか》を代表する新春行事として知られる。

当寺の一帯は、修験道《しゅげんどう》にルーツをもち、江戸時代からの歴史を有する「甲賀のくすり」の主産地でもある。近代的な製薬会社が立ち並び、伝統の売薬もまた健在である。最澄が当地を訪れたとき、悪疫が流行したため、直ちに施薬療病に努められたと伝わり、最澄は近江売薬の薬祖でもある。（米田 実）

●地図128頁

主な年中行事
1月第三日曜 エトエト（行会・オコナイエ）
4月8日に近い日曜 春会式
9月1日 八朔会式

交通 JR甲賀駅下車、徒歩5分。

所在 甲賀市甲賀町滝856

電話 0748-88-3593

文化財・名所
薬師如来坐像（重文）

第八十七番
湖南第七番

寿亀山《じゅきざん》 正福寺《しょうふくじ》

臨済宗
妙心寺派

本尊 十一面観世音菩薩
開基 聖徳太子
中興 実堂和尚
近江西国第三十一番札所
湖国十一面観音霊場第六番札所

［御詠歌］　ただたのめ　世々を守りて杉谷の　ほとけのいのち　ながきかめやま

野洲《やす》川支流の杣《そま》川流域は、古代には「甲賀杣《こうかそま》」が設定され、良質の木材供給地として知られた。当寺はこの甲賀杣の中心地というべき杉谷《すぎたに》の高台にあり、近江西国観音霊場の第三十一番札所としても知られる。

寺伝によれば聖徳太子の開基といい、もとは天台宗であったが元亀の兵乱に衰微。天和《てんな》元年（一六八一）、徳川綱吉の命により嗣子誕生を祈願して徳松君《とくまつぎみ》が誕生したことから、本堂などが再建され、「世継《よつぎ》安産厄除観世音」として子宝を願う人々の信仰が寄せられてきた。丘上の境内を目指すと、まず山門の金剛力士像（市指定）に迎えられる。庭を通って本堂に入ると、そこには多くの仏像がひしめき合うようにして安置される。本尊の秘仏木造十一面観音立像（重文）は、平安末期の造像で端正な表情をみせる。同じく平安末期の造像で半丈六の木造釈迦如来坐像（重文）や木造地蔵菩薩坐像（市指定）など古像の存在は、当寺が杣谷で拠点寺院の一つとして栄えたことを如実に物語る。前庭にある南北朝時代の宝篋印塔《ほうきょういんとう》（市指定）も一見の価値がある。

（米田 実）

●地図129頁

主な年中行事 8月10日 千日会（本尊御開帳）
交通 JR甲南駅から甲賀市コミュニティバス西線（土日祝運休）勢田寺下車、徒歩10分。
所在 甲賀市甲南町杉谷2928
電話 0748-86-2879
文化財・名所 十一面観音菩薩立像・釈迦如来坐像（ともに重文）地蔵菩薩坐像・金剛力士像（ともに市指定）石造宝篋印塔（市指定）

第八十八番
湖南第八番

秋葉山十輪院《しゅうようざんじゅうりんいん》 玉桂寺《ぎょくけいじ》

高野山真言宗

本尊 弘法大師
開基 文徳天皇
保良宮旧跡

［御詠歌］ ならびなく　ふしぎはまさに　あらたなり　めぐみうけざる人はあらまじ

信楽《しがらき》高原に源を発する大戸《だいど》川の傍らにあり、高野山真言宗に属する。古くから「勅旨《ちょうし》の弘法さん」と呼ばれ、近年は「ぼけ封じ」の寺としても知られる。寺伝によれば奈良時代、淳仁《じゅんにん》天皇が保良宮《ほらのみや》造営の際、その仮御所として使われたのが玉桂寺の始まりという。

山門をくぐって境内に入ると、右手に高さ十三メートルの巨大な不動明王像が迎えてくれる。さらに本堂に向かって進むと前方に樹齢五百～六百年というコウヤマキの巨木（県天然）がある。

本堂左側にある阿弥陀堂には、平安時代の木造阿弥陀如来坐像（市指定）が安置される。穏やかな面相の典型的な定朝《じょうちょう》風の半丈六像である。またその右側には、室町時代の作で等身の木造五《ご》劫思惟《こうしい》阿弥陀如来坐像（市指定）がある。「五劫思惟」とは、阿弥陀如来が全ての人を救うために、想像を絶する長い時間をかけて考えたことによって螺《ら》髪《ほっ》が伸び、まるでお椀をかむったような形となる珍しい姿である。境内には松尾芭蕉の「松茸やしらぬ木の葉のへばり付」の句碑がある。紫香楽宮《しがらきのみや》跡や窯場散策とあわせて訪れたい古刹である。

（米田 実）

●地図129頁

主な年中行事
9月21日　秋季大会式
毎月21日　弘法さんの日

交通　信楽高原鐵道玉桂寺前駅下車、徒歩5分。

所在　甲賀市信楽町勅旨891

電話　0748-83-0716

文化財・名所
コウヤマキ（県天然）
阿弥陀如来坐像・五劫思惟阿弥陀如来坐像（ともに市指定）
石造五輪塔（市指定）

第八十九番
湖南第九番

華蔵山《かぞうざん》 園養寺《おんようじ》

天台宗

本尊 大日如来
十一面観世音菩薩
開基 伝教大師最澄
近江西国第三十二番札所

［御詠歌］ 咲きちらぬ　花くらやまにすむ人は　仏の国の心地こそせめ

甲賀《こうか》市と湖南市との境、眼下に野洲《やす》川を見下ろす景勝の地にある。寺伝によれば伝教大師最澄の開基といい、近江西国観音霊場の第三十二番札所でもある。一帯は古くから野洲川を渡る渡しが設けられ、また支流杣川《そまかわ》沿いに伊賀に達する杣街道の分岐点という交通の要地であった。

草津線の線路を渡って、急な石段を登って山門をくぐると正面に本堂があり、そのかたわらに臥牛の像がある。農耕に牛が盛んに用いられていた頃、この寺は「牛の寺」と呼ばれ、牛馬の守り本尊として農家の信仰が寄せられた。本尊は大日如来と十一面観音。寺宝の「絹本著色両界曼荼羅図」は、室町時代の制作になる優品として知られる。また境内には松尾芭蕉の「木のもとに汁も膾《なます》も桜かな」の句碑がある。

背後の園養山には、「園養山古墳群」と呼ばれる古墳時代後期の二百基にのぼる大群集墳が広がる。渡来系のものを含む県内有数の古墳群として知られ、境内周辺でも横穴式石室が露頭しているのがみられる。

（米田 実）

●地図129・130頁

交通 ＪＲ三雲駅下車、徒歩25分。
所在 湖南市三雲11
電話 0748-72-0059
文化財・名所 両界曼荼羅図
松尾芭蕉句碑

第九十番
湖南第十番

雲照山《うんしょうざん》 妙感寺《みょうかんじ》

臨済宗
妙心寺派

本尊 十一面千手観世音菩薩
開基 授翁宗弼（微妙大師・万里小路藤房）
中興開山 愚堂東寔
近江西国第三十三番結願札所

［御詠歌］ やま山をめぐりくるみの恵こそ　ほとけやかみの妙感寺村

当寺は寺名が村名となった妙感寺集落の高台にある。寺伝によれば延元《えんげん》年中（一三三六～四〇）、妙心寺二世の授翁宗弼《じゅおうそうひつ》禅師（微妙大師《みみょうだいし》）の開基という。宗弼は後醍醐《ごだいご》天皇の側近として「建武の中興」に功のあった万里小路藤房《までのこうじふじふさ》、その人ともされる。藤房は天皇に親政の非を諫言《かんげん》した忠臣であるが、やがて政治に失望して出家、のち妙心寺二世となり、晩年ここ妙感寺に隠棲したとされ、その墓所が今に伝えられる。

石段を登って境内に入ると、正面に方丈（開山堂）、左手石段上に観音堂（国登録）がある。観音堂の本尊は、木造十一面千手観音坐像（市指定）で南北朝時代の造像。方丈は徳川秀忠の娘である東福門院和子《とうふくもんいんまさこ》が後水尾《ごみずのお》天皇に入内《じゅだい》の際、水口《みなくち》宿に設けられた御茶屋御殿の遺構と伝え、微妙大師の相貌を伝えるという南北朝時代の坐像（市指定）を安置する。また裏山には鎌倉後期の優れた地蔵三尊磨崖仏がある。歴史と豊かな文化財に彩られた禅刹であり、近江西国観音霊場の結願、第三十三番札所としても知られる。

（米田 実）

●地図130頁

主な年中行事
9月28日　微妙大師墳墓拝塔
交通　JR三雲駅から湖南市コミュニティバス甲西南線 妙感寺下車、徒歩3分。またはJR三雲駅下車、徒歩30分（タクシー5分）。
所在　湖南市三雲1758
電話　0748-72-7640
文化財・名所
微妙大師墓所
方丈（東福門院水口御茶屋御殿）
観音堂（国登録）
十一面千手観音坐像・微妙大師坐像（ともに市指定）
地蔵三尊磨崖仏

第九十一番
湖南第十一番

龍王山《りゅうおうざん》 観音寺《かんのんじ》

天台宗

本尊 十一面観世音菩薩
開基 願安
中興 栄海

［御詠歌］ めぐりきて 奈豆美《なつみ》の里はのどかなり 神明なるは慈悲の山寺

東海道に沿って街村をなす夏見《なつみ》集落の南側、街道からすこし山手に入ったところにある。龍王山と号し、寺伝によれば、当地には平安時代弘仁三年（八一二）、願安の開基になる金光山光明寺があり七堂伽藍を備えたが、元亀の兵火に灰燼に帰し、江戸時代中期の享保年間（一七一六〜三六）に僧栄海が観音寺として再興した。

境内には各地から多くの石塔・石仏が集められ供養されており、さながら現代の石塔寺の趣がある。本堂に安置された本尊の木造十一面観音立像（市指定）は、像高三尺余で平安時代の造像とされている。また、本堂の前には南北朝時代の作とみられる姿の優美な六角形石燈籠（市指定）が建ち、その燈籠を覆うようにしてモチの木（市天然）が生えている。幹の周囲約四メートル、樹高は十メートルを超え、樹齢は約三百年とされる古木である。

江戸時代、この夏見には旅人相手に心太《ところてん》などを売る茶店があった。寛政九年（一七九七）刊の『伊勢参宮名所図会《いせさんぐうめいしょずえ》』には、「夏見の里」と題して、店先にかけひで引いた水でカラクリの木偶《でく》を動かし、客をまねくその情景が描かれている。

（米田 実）

●地図130頁

主な年中行事
1月 初観音護摩供
6月 大般若転読会
8月 千日会

交通 JR甲西駅から湖南市コミュニティバス甲西南線 夏見下車、徒歩5分。

所在 湖南市夏見1753

電話 0748-72-3277

文化財・名所
十一面観音立像（市指定）
六角形石燈籠（市指定）
モチの木（市天然）

第九十二番
湖南第十二番

美松山《びしょうざん》 南照寺《なんしょうじ》

天台宗

本尊 薬師如来
開基 伝教大師最澄
松尾宮別当

［御詠歌］　はるばると尋ねてまいる　岡の山　薬師のひかり里《り》　尊とかりけり

当寺は、東海道から南へすこし山手に入った所に、松尾神社と境内を接してあり、ぜんそく加持の寺としても知られる。寺伝によれば延暦《えんりゃく》二十四年（八〇五）に伝教大師最澄が開基したといい、弘仁十年（八一九）には阿星山麓に再興され普門院と号したが兵火によって衰微し、のち天正三年（一五七五）に、現在地に現寺号をもって中興したとされる。

当寺の南西、美松山の斜面に二百本あまりが群生するウツクシマツ（美し松、国天然）はアカマツの一品種で、根元から放射状に分れ、傘を広げたようになる姿が優美であり、しかもここにしか自生しないことから古くから文人に賞賛されてきた。南照寺はこの美し松を神木とする松尾神社の別当寺として推移してきた。本堂の傍らには松尾芭蕉の「西行の庵も有ん花の庭」の句碑がある。

ところで平松では毎年七月三十一日に「ぼんのこへんのこ祭り」が行われる。これは集落の中を子供たちが茅《ち》の輪《わ》と男根状の木製品を持ち、「ぼんのこ、へんのこ、作右衛門《さくえもん》のなすびやーいー」と賑やかに囃しながら練り歩くもので、夏越《なごし》の水無月祭りであるが、古くから奇祭として知られる。

（米田　実）

●地図131頁

主な年中行事
7月31日　ぼんのこへんのこ祭り（松尾神社）

交通　JR甲西駅下車、徒歩15分。

所在　湖南市平松264

電話　0748-72-0950

文化財・名所
松尾神社
松尾芭蕉句碑
ウツクシマツ（国天然）

第九十三番
湖南第十三番

岩根山医王院《いわねさんいおういん》 善水寺《ぜんすいじ》

天台宗

本尊 薬師如来
中興 伝教大師最澄
元明天皇勅願所
西国薬師第四十七番札所

［御詠歌］ 岩根より 清く流れて むべもなき 水はむすぶに たえじとぞ思ふ

野洲《やす》川を眼下に収める岩根山の中腹に建つ、近江湖南を代表する天台宗寺院である。寺伝によれば、奈良時代の和銅《わどう》年間（七〇八～一五）に元明《げんめい》天皇の勅により草創された和銅寺を前身とし、延暦《えんりゃく》年間（七八二～八〇六）、伝教大師最澄が当地で法を修し、その香水《こうずい》を病身の桓武《かんむ》天皇に献じたところ平癒《へいゆ》したので善水寺と号したと伝える。まず南都系の寺院によって開かれ、平安時代に天台寺院に転じた、その歴史を語る由緒であろう。

本堂（国宝）は南北朝時代の貞治《じょうじ》五年（一三六六）の再建になり、桁行《けたゆき》七間・梁間《はりま》五間の入母屋《いりもや》造・檜皮葺《ひわだぶき》の雄大な仏堂である。堂内に足を踏み入れると内陣には三十余軀におよぶ多数の仏像が安置されており、参拝者を圧倒する。しかも、本尊で平安時代正暦《しょうりゃく》四年（九九三）の造像になる秘仏の木造薬師如来坐像（重文）をはじめとして、国指定の重文だけでも十五軀の多きを数え、かつ、延暦寺根本中堂の当初の諸尊の配置をうかがい知る重要なものとされる。

近年は同じ湖南市に所在する長寿寺・常楽寺（湖南第十五番・150頁）とともに「湖南三山」と呼ばれ訪れる人が多い。（米田 実）

●地図130頁

拝観時間 午前9時～午後5時（12月から2月までは4時まで）
拝観料 500円
主な年中行事
1月3日 元三大師大護摩供
1月8日 初薬師
2月節分 節分会星祭
5月5日 花祭釈迦生誕会
10月8日 薬師如来千灯供養会
交通 JR甲西駅から湖南市コミュニティバス「ふれあい号」下田線・ひばりヶ丘線 岩根下車、徒歩20分。（11月の湖南三山特別公開時、臨時バス運行）
所在 湖南市岩根3518
電話 0748-72-3730
文化財・名所
本堂（国宝）
薬師如来坐像・梵天・帝釈天像・不動明王坐像・兜跋毘沙門天立像・僧形文殊菩薩坐像など十五軀（いずれも重文）
善水の元水

第九十四番
湖南第十四番

大乗山《だいじょうざん》 正福寺《しょうふくじ》

浄土宗

本尊 大日如来
阿弥陀如来
開基 良弁僧正

野洲《やす》川に面し北に十二坊《じゅうにぼう》の山を負ってその南麓に立地する。集落の名も寺名からとったものである。周辺には湖南有数の「正福寺古墳群」があって、早くから開発されていたことがうかがわれる。寺伝によれば天平五年（七三三）、良弁《ろうべん》僧正が開いたと伝えられ隆盛を誇っていたが、元亀の兵乱によって衰微し、江戸時代に浄土宗に転じ再興された。山門をくぐり境内に入ると、正面に宝暦六年（一七五六）建立の本堂、左手に観音堂が建つ。

数度の火災に遭っているが、本尊で平安時代の造像となる秘仏の木造大日如来坐像（重文）をはじめ、国指定の重文となっているものだけでも七軀を数える。なかでも観音堂に安置される木造十一面観音立像（重文）は、像高二メートルを超える長身の像で、作風も古様で造像は平安時代も十世紀にさかのぼるとされる。また木造地蔵菩薩半跏《はんか》像（重文）は、重量感にあふれ面相も厳しく鎌倉時代の優れた作行きを示す。野洲川中流域の豊かな仏教文化を今に伝える寺であり、境内に並ぶ石仏を取り巻いてサツキが花を咲かせ、周囲の山が深緑となる初夏に訪れたい。

（米田 実）

【御詠歌】天照《あまて》らす　御恩忘れぬ人あらば　二世《にせ》安楽《あんらく》を　守る大日《だいにち》

●地図130頁

拝観料 志納（事前予約要）
交通 JR甲西駅から湖南市コミュニティバス「ふれあい号」菩提寺線 東正福寺下車、徒歩10分。
所在 湖南市正福寺409
電話 0748-72-0126
文化財・名所 大日如来坐像・十一面観音立像・薬師如来坐像・地蔵菩薩半跏像など七軀（いずれも重文）
鰐口（県指定）

第九十五番
湖南第十五番

阿星山《あせいざん》 常楽寺《じょうらくじ》

天台宗

本尊 千手観世音菩薩
開基 良弁僧正
元明天皇勅願所
近江西国第一番札所

［御詠歌］ くもりなき御代をあおぎて久方の　月日とともにめぐる西てら

金勝《こんぜ》山系のうち阿星《あぼし》山の北麓に伽藍を構える古刹で、近江湖南を代表する天台寺院である。寺伝によれば和銅《わどう》年間（七〇八～一五）、良弁《ろうべん》僧正が開基したという。平安時代以降、天台宗寺院となり、江戸時代に始められた近江西国観音霊場の第一番札所でもある。

緑豊かな境内には、鎌倉末期から南北朝初期の建造とされる桁行《けたゆき》七間、梁間《はりま》六間の入母屋《いりもや》造・檜皮葺《ひわだぶき》の本堂（国宝）と、室町時代の建造で三間三重・本瓦葺の三重塔（国宝）が建つ。なお大津市の三井寺（園城寺《おんじょうじ》・湖西第六番・33頁）の楼門（重文）も、もと当寺の山門であったものを徳川家康が移築したものである。本堂には秘仏本尊の木造千手観音坐像（重文）をはじめ、二十八部衆像（重文）など多くの古像が安置され、また絵画にも優れた作品が多く、阿星山麓の仏教文化の豊かさ深さを今に伝えている。近年は同じ湖南市に所在する長寿寺・善水寺（湖南第十三番・148頁）とともに「湖南三山」と呼ばれ訪れる人が多い。

（米田 実）

●地図131頁

拝観時間（事前予約要）
午前9時～午後4時

入山料 500円

主な年中行事
11月 湖南三山秋の同時公開（予約不要）

交通 JR石部駅から湖南市コミュニティバス「めぐるくん」西寺下車、徒歩3分。（11月の湖南三山特別公開時、臨時バス運行）

所在 湖南市西寺6丁目5-1

電話 0748-77-3089

文化財・名所
本堂・三重塔（ともに国宝）
石造燈籠（重文）
千手観音坐像・二十八部衆立像・釈迦如来坐像（いずれも重文）
その他寺宝多数

第九十六番
湖南第十六番

金勝山《こんしょうざん》 阿弥陀寺《あみだじ》

浄土宗

［御詠歌］　巡り来て　近江の里は長閑《のどか》なり　二十七なる慈悲の寺でら

開山の浄厳房隆堯《じょうごんぼうりゅうぎょう》法印は天台宗の僧であったが、石山寺に参籠して浄土宗の『三部仮名抄』を得て、京都・清浄華院《しょうじょうけいん》で研鑽した。応永十一年（一四〇四）に金勝寺《こんしょうじ》（栗東市荒張《あらはり》）に登り草庵を結んだが、念仏の教えを広めるため山上から東坂《ひがしさか》の地に下り、応永二十年、「悟真庵」を結んだ。これが阿弥陀寺の始めである。弟子の堯誉隆阿《ぎょうよりゅうあ》は第二世として後を継いで教化に努め、知恩院門跡にもなった。第三世の厳誉宗真《ごんよそうしん》は、室町幕府九代将軍足利義尚《よしひさ》が六角高頼《たかより》討伐のため鈎《まがり》の陣にあったとき、陣中で圓戒を授け、それが後土御門《ごつちみかど》天皇の奏聞におよび、黒衣参内《こくえさんだい》の綸旨《りんじ》をいただいたという。第八世応誉明感《おうよみょうかん》は、織田信長の信任を得て安土に招かれ、浄厳院《じょうごんいん》（近江八幡市安土町慈恩寺）の開山として迎えられた。ここで行われた日蓮宗と浄土宗の宗論、世に言う「安土問答」は有名である。

伽藍は天正九年（一五八一）に焼失後、元和《げんな》年間（一六一五〜二四）に再建された。明治二十八年（一八九五）に山門を残して再度焼失したが、本尊は持ち出されたため焼失を免れた。現在の伽藍はそれ以降の再建である。山門と一帯の石垣は、近江の浄土宗の中心であった同寺の偉観を現在に伝えている。

（編集局）

本尊　阿弥陀如来
開山　浄厳房隆堯

主な年中行事
1月12日　仏名会
4月12日　御忌会
8月12日　施餓鬼会
9月12日　放生会
11月12日　十夜会

●地図131頁

交通　JR草津駅から帝産湖南交通バス金勝公民館下車乗り換え、栗東市コミュニティバス「くりちゃんバス（タクシー）」金勝循環線（予約運行・土日祝運休）東坂下車すぐ。

所在　栗東市東坂506

電話　077-558-0025
077-558-0715（世話方代表）

文化財・名所
山門　本堂

第九十九番
湖南第十九番

九品山《くぼんざん》 新善光寺《しんぜんこうじ》

浄土宗

本尊 一光三尊善光寺如来
開基 小松左衛門尉宗定
有栖川宮家尊牌安置

栗東《りっとう》市林にある浄土宗寺院で、九品山と号している。寛文元年（一六六一）に膳所《ぜぜ》藩主本多《ほんだ》俊次《としつぐ》が本堂を再建し、新善光寺と称した。縁起によると、平氏の末裔という当地の豪族小《こ》松宗定《まつむねさだ》が、長野・善光寺に参拝すること四十八度に及び、参籠中に霊夢を感得し、帰国後の建長五年（一二五三）に如来堂を建立し、善光寺如来の分身を安置したことに始まるという。江戸時代は代々、本多氏の保護を受け、また善光寺信仰と相まって参詣者で賑わったという。現在の本堂（国登録）は明治二十五年（一八九二）に再建。本尊は秘仏の善光寺式（一光三尊形式）阿弥陀如来立像である。

寺域には、鎌倉時代の石塔なども伝えられており、客殿に安置される木造阿弥陀如来立像（重文）は、十四世紀頃の造像になる堅実な像である。庭園は江戸時代に作庭された枯山水で、大きな築山を設けている。この地域の中心をなす寺院で、彼岸などには多くの参詣者で賑わう。

（髙梨純次）

［御詠歌］　めぐり来て　ここに近江の善光寺　もらさで救う弥陀ぞ尊き

●地図131頁

拝観時間 午前8時～午後5時
内陣拝観料 300円
主な年中行事 1月13日 ごはんび（御判日）
3月下旬 おひがん
6月第1日曜 御忌会（法然上人御忌）
8月19日 おせがき
9月下旬 おひがん
11月第一月曜 おじゅうや（十夜法要）
交通 JR草津駅から、滋賀バス（栗東シティライン）高野下車、徒歩2分。
所在 栗東市林256
電話 077-552-0075
文化財・名所 本堂・山門（ともに国登録）
阿弥陀如来立像（重文）
戒壇めぐり
青銅 仏使の丑

第百番
湖南第二十番

治田山慈眼院《じでんざんじげんいん》 西方寺《さいほうじ》

浄土宗

本尊 阿弥陀如来
開山 玄照
中興 誓誉

［御詠歌］ 慈《いつく》しむ　眼《まなこ》ひらきて西方へ　誘う諸佛の　護れるみ寺

草津市青地《あおじ》町にある浄土宗の寺院。本尊は阿弥陀如来。寺伝によれば、延喜《えんぎ》十二年（九一二）、玄照の創立。もと天台宗で、兵火により焼失したが再建がならず、わずかに本尊地蔵菩薩を堂宇に安置するのみであった。それを寛永二十年（一六四三）、僧誓誉が一寺を建てて浄土宗寺院とした。承応《じょうおう》二年（一六五三）八月に寺を角之坊屋敷に移し、地蔵堂の本尊を同寺内に移して、改めて西方寺と称した。

本堂左脇壇に安置される木造薬師如来坐像（市指定）は、鎌倉時代の作で、草津市山寺町の古刹、楽音寺《がくおんじ》廃寺《はいじ》の旧仏と伝えられる。境内の鐘楼（県指定）は、慶長九年（一六〇四）の建立。もと京都の建仁寺にあったものを、明治十八年（一八八五）、檀王法《だんのうほう》林寺《りんじ》に移築。その後、昭和三十七年（一九六二）に当寺に移された。その他、境内にはこのあたりの土豪青地氏代々の墓もある。

（八杉 淳）

●地図132頁

主な年中行事
3月上旬　法然上人御忌大法要
7月24日　地蔵祭
8月7日　盆大施餓鬼会
毎月1日　早朝念仏修養会

交通　JR草津駅から帝産バス青地下車、徒歩5分。
所在　草津市青地町1146
電話　077-564-2277
文化財・名所
薬師如来坐像（市指定）
鐘楼（県指定）
叶地蔵石仏

第百一番
湖南第二十一番

本誓山来迎院《ほんせいざんらいこういん》 教善寺《きょうぜんじ》

浄土宗

本尊 阿弥陀如来
開山 清誉浄運
開基 遠藤権兵衛（釈随誉）

［御詠歌］ 善き教え 萩の玉川 御寺《みてら》にて 弥陀の本願 永久《とわ》に伝えん

草津市野路《のじ》町にある浄土宗寺院。承応《じょうおう》二年（一六五三）、遠藤権兵衛《えんどうごんべえ》なる人物が出家して、釈随《しゃくずい》誉《よ》と称し本寺を開く。開山は清誉浄運《せいよじょううん》。宝暦十一年（一七六一）二月に焼失。明和六年（一七六九）に新たに堂宇を建立した。弘化二年（一八四五）に表門を再建、同時に井戸屋形も再興された。その後、大正五年（一九一六）、本堂を改築し、現在に至っている。鐘楼の鐘は、高島郡朽木《くつき》庄興正寺の古鐘を移したと『近江栗太郡志《くりたぐんし》』は記す。

近くに平清盛の孫にあたる平清宗《きよむね》の胴塚がある。壇ノ浦の戦いに敗れた父平宗盛《むねもり》とともに鎌倉に送られ、さらに京都へ護送される途中、元暦《げんりゃく》二年（一一八五）に斬首されるが、その胴塚と伝える石塔が民家の中庭にあり、代々供養されている。また、教善寺のある野路の地は、中世の野路宿にあたり、平安時代から歌枕に詠まれた「野路の玉川」がある。この野路の玉川は、江戸時代の名所図会や、歌川広重の浮世絵などに紹介されている。

（八杉 淳）

●地図132頁

主な年中行事
1月 修正会
3月 春季彼岸会
8月 施餓鬼会
9月 秋季彼岸会

交通 JR南草津駅下車、徒歩10分。

所在 草津市野路6丁目8-8

電話 077-562-1685

文化財・名所
玉川（日本六玉川の一）
平清宗胴塚（門前の遠藤権兵衛家にあり）

第百二番
湖南第二十二番

碧雲山霊仙院《へきうんざんりょうせんいん》 正楽寺《しょうらくじ》

真言宗
勧修寺派

本尊 阿弥陀三尊
中興 実愿

［御詠歌］ 碧雲に弥陀の浄土を尋ぬれば　霊仙坊のまことにぞあり

栗東《りっとう》市霊仙寺《りょうせんじ》にある、真言宗の寺院。霊仙寺の地名は、かつて天台宗の巨刹があったといわれ、正楽寺はその霊仙坊の跡ともいわれる。本堂に、本尊の阿弥陀如来坐像、観音・勢至《せいし》の両脇侍像（いずれも市指定）を安置している。

もとは、野洲《やす》郡山賀村（現守山市）にあったが、元亀の兵火で焼失し、その後仮堂に古仏を安置していたが、里人小川長吉・寺田道故が計って再興した。享保十八年（一七三三）、僧実愿《じつげん》により、現在地に移された。宝永二年（一七〇五）、勧修寺宮《かじゅうじのみや》二品法親王《にほんほっしんのう》が立ち寄り、その折に記した扁額の函書や、正徳二年（一七一二）の鐘銘に、かつて山賀村にあったことが記されている。

境内には毘沙門堂・不動堂がある。また、石造宝塔（市指定）は、鎌倉から南北朝期のものといわれている。

（八杉 淳）

●地図132頁

主な年中行事
1月1日　初詣・歳旦
1月1〜3日　吉祥護摩
4月上旬　四国八十八ヶ所巡拝
毎月28日　護摩供

交通　JR栗東駅下車、徒歩15分。
所在　栗東市霊仙寺6-3-1
電話　077-554-9548

文化財・名所
阿弥陀三尊像（市指定）
石造宝塔（市指定）

第百三番
湖南第二十三番

比叡山守山寺《ひえいざんもりやまじ》 東門院《とうもんいん》

天台宗

本尊 十一面観世音菩薩
開山 伝教大師最澄
近江西国第二番札所
湖国十一面観音霊場第五番札所

[御詠歌] きみかよの 久しく栄ふ 守山の 寺にし法《のり》の 華そ絶えせず

守山の市街地、街道沿いに建つ天台宗の古刹で、本尊は十一面観音である。縁起によると、伝教大師最澄が比叡山を開くにあたって、四隅を画した東門に当るとし、東門院と呼ばれ、また比叡山を守る寺として、守山寺と名付けられた。後に坂上田村麻呂《さかのうえのたむらまろ》が都に帰還するに際して堂舎を建立して、観音像を安置したのに始まるとする。寺領として、近在の金森《かねがもり》や播磨田《はりまだ》などを寄進されたとも伝えるが、これらは、室町時代の後半に及んで、本願寺の有力な門徒が道場を建て、後に一向一揆の拠点となる。

東門院は、中世には寺観も整ったものと推測され、鎌倉時代の石造五重塔（重文）なども残されている。江戸時代には、街道沿いの古刹として繁栄した。木造不動明王坐像（重文）は、平安後期の堂々とした、典雅な像である。

（髙梨純次）

●地図132・133頁

主な年中行事
毎月17・18日 守山観音縁日
（17日 アート市
18日 まほろば茶論）

交通 JR守山駅下車、徒歩10分。

所在 守山市守山2丁目2-46

電話 077-582-2193

文化財・名所
不動明王坐像（重文）
石造五重塔（重文）
石造宝篋印塔・石造宝塔（ともに重美）
奉行高札（市指定）
お葉つき銀杏（市天然）
源内塚

第百四番
湖南第二十四番

日陽山《にちようざん》 宗泉寺《そうせんじ》

浄土宗

本尊 阿弥陀如来
開基 道智法師
中興 慈覚大師円仁

［御詠歌］ 極楽は　はるけきほどと聞きしかど　つとめて至る　所なりけり

天文十年（一五四一）に建立されたと伝える浄土宗寺院であるが、御上《みかみ》神社の神宮寺として建立された東光寺を継承する寺院と考えられている。東光寺は、持統天皇の勅願で、元興寺僧道智が開基と伝えられ、三上山の周辺、東光寺山や妙光寺山に伽藍が建立されたという。この地域には、中世の磨崖仏や石造品が現存しており、由緒ある土地の信仰が盛んであった姿が偲ばれる。

宗泉寺には、薬師堂に木造薬師如来坐像（重文）と不動明王立像及び両脇侍像（重文）、毘沙門天立像（重文）が三尊形式で祀られており、いずれも平安時代末期から鎌倉時代にかけて造像されたものである。これらの古像は、御上神社の信仰圏で造像された優れた造形であるが、この三尊形式は、基本的に横川《よかわ》中堂本尊の安置形式を踏襲したものであり、天台寺院として栄えた時代があったものと推測されよう。

（髙梨純次）

●地図131頁

主な年中行事
8月8日　薬師千日会（薬師堂御開帳）

交通　JR野洲駅下車、徒歩20分。名神栗東ICより車10分。

所在　野洲市妙光寺234

電話　077-587-1298

文化財・名所
薬師如来坐像・不動明王二童子立像・毘沙門天立像（いずれも重文）
石灯籠（重美）

第百五番
湖南第二十五番

歓喜山長福院 圓光寺《かんぎざんちょうふくいん えんこうじ》

天台真盛宗

本尊 聖観世音菩薩（長福寺）
阿弥陀如来（圓光寺）
開山 伝教大師最澄（長福寺）

［御詠歌］ 立ち並ぶ久野部《くのべ》の松もひまもれて　世に静かにぞ見ゆるふる寺

野洲《やす》市久野部にある寺院。もとは最澄が開いたという。「由緒書」によれば、天文九年（一五四〇）に僧宗順によって再興。さらに江戸時代中期に、久野部村の長福寺と同村の圓光寺が合併したとある。

当寺には、棟木《むなぎ》に康元二年（一二五七）の墨書銘をもつ本堂（重文）がある。仏堂建造物としてあまり類例を見ない切妻造の形式をもつ。また、観応《かんのう》三年（一三五二）の長福寺に奉納された紀年銘をもつ鰐口《わにぐち》もある。これらは旧長福寺当時のものといわれている。

そして、平安時代の木造阿弥陀如来坐像（重文）や木造地蔵菩薩坐像などの仏像群は圓光寺伝来といわれている。さらに境内には、「康元」の刻銘をもつ石造九重塔（重文）、一間社流《いっけんしゃながれ》造の大行事神社本殿（重文）もある。いずれにしても当寺は、周辺の地域における「文化財の宝庫」の様相を呈しているといえよう。

（木村至宏）

●地図133頁

主な年中行事
8月の2日間　秘仏聖観世音立像御開帳

交通　JR野洲駅下車、徒歩10分。

所在　野洲市久野部266

電話　077-587-0172

文化財・名所
本堂・大行事神社本殿・石造九重塔（いずれも重文）
阿弥陀如来坐像（重文）

第百六番
湖南第二十六番

日照山《にっしょうざん》 東光寺《とうこうじ》

天台真盛宗

本尊 阿弥陀如来
中興 真恵上人

［御詠歌］ のりの道　聞きしは人の幸津川《さづかわ》や　ついに沈まぬ舟もこそあれ

湖東平野の湖畔近くの守山市幸津川町に位置。寺伝では、延暦《えんりゃく》年間（七八二〜八〇六）、立田荘穐富《あきとみ》長者の発願《ほつがん》により、七堂伽藍を完備した穐富大寺四ヵ寺（東光寺・観音寺・西方寺・光像寺）を建立し、薬師・観音の両像を安置した。

その創建などを裏付ける資料はないが、本尊の木造阿弥陀如来坐像は平安時代後期で、観音・勢至《せいし》の両脇侍は、平安時代末期から鎌倉時代初期につくられた優品。また、厨子《ずし》には鎌倉時代のすぐれた形姿の木造十一面観音立像が安置されていることから、古代から寺基の継承されていることがうかがえる。

さらに「鐘銘」によると室町時代の永正六年（一五〇九）、真恵《しんね》上人（天台真盛宗総本山西教寺第三世）が再興。真恵上人は宗祖真盛《しんせい》上人を継いで宮中進講を行い、「上人号」を下賜されるとともに東光寺の山号「日照山」も宮中から賜っている。

境内には、「江源武鑑」「東光寺由来書」に登場する佐々木義實《よしざね》と母青樹院《せいじゅいん》の墓がある。

（木村至宏）

●地図133頁

主な年中行事
1月1日　修正会
2月15日　涅槃会
4月29日〜5月6日　守山野外美術展「お寺deアート」in東光寺
8月2日　観音千日会
8月15日　盆施餓鬼会

交通　JR守山駅から近江鉄道バス幸津川南下車すぐ。

所在　守山市幸津川町1189

電話　077-585-2222

文化財・名所
十一面観音菩薩立像（市指定）
地蔵菩薩坐像（市指定・幸津川自治会所蔵）
観音寺城主 佐々木義實墓
十四代将軍 足利義輝歌碑

第百七番
湖南第二十七番

大慈山《だいじさん》 福林寺《ふくりんじ》

天台宗

本尊 十一面観世音菩薩
開創 伝教大師最澄
湖国十一面観音霊場第四番札所

[御詠歌] さしむかふ　かたたにちかきこのはまや　わたしのふねも　のりのしるべに

守山市の湖岸に近い木浜《このはま》町に建つ天台寺院で、大慈山と号している。寺伝によると、天武天皇の時代に建立されたとするが、詳細は明らかではない。このあたりからは、比叡山に落ちる夕日も臨まれるところから、日想観《にっそうかん》などに適した場所であり、周辺には、平安時代後期から鎌倉時代にかけての阿弥陀如来像の存在なども認められる。

本尊は、穏やかな、時代の好みをよく反映した平安時代後期作の木造十一面観音立像（重文）で、一《いち》木《ぼく》造で内刳《うちぐ》りを施した等身の堂々たる姿ながら、洗練された作風で知られている。江戸時代には、観音霊場の一つとして深く信仰され、秘仏である十一面観音像の開帳なども記録されている。井上靖の小説『星と祭』にも紹介されている。また、中世の作になる石造品なども現存している。

（髙梨純次）

●地図133頁

主な年中行事
1月1日　修正会
2月3日　節分祭
6月上旬　地蔵流し
8月10日　千日参り
11月上旬　本尊特別開扉報恩法要

交通　JR守山駅から近江鉄道・江若バス木の浜口下車、徒歩5分。

所在　守山市木浜町2011

電話　077-585-1205

文化財・名所
十一面観音立像（重文）
石造宝塔（重美）

（平成23年1月現在）

滋賀県データベース

主な観光案内所

名称	所在地	TEL
(社)びわこビジターズビューロー	大津市打出浜 2-1 コラボしが 21 6 階	077-511-1530
(社)びわ湖大津観光協会	大津市春日町 1-3 JR 大津駅 2 階	077-528-2772
志賀観光協会	大津市木戸 130-3 志賀町商工会館	077-592-0378
(社)びわ湖高島観光協会	高島市今津町住吉 1-3-5	0740-22-6111
(社)長浜観光協会	長浜市高田町 12-34 長浜市役所	0749-62-4111
湖北観光情報センター 四居家	長浜市元浜町 14-12	0749-65-0370
長浜駅観光案内所	長浜市北船町 1-5	0749-63-7055
湖北町観光協会	長浜市湖北町速水 2745 湖北支所	0749-78-8302
木之本町観光協会	長浜市木之本町木之本 1757-2 木之本支所	0749-82-5909
余呉町観光協会	長浜市余呉町中之郷 958 余呉支所	0749-86-3085
虎姫町観光協会	長浜市五村 106 虎姫支所	0749-73-4850
高月町観光協会	長浜市高月町渡岸寺 160 高月支所	0749-85-3114
西浅井町観光協会	長浜市西浅井町大浦 2590 西浅井支所	0749-89-1121
米原観光協会	米原市春照 490-1 米原市役所伊吹庁舎	0749-58-2227
(社)彦根観光協会	彦根市尾末町 1-51	0749-23-0001
愛荘町秦荘観光協会・愛知川観光協会	愛知郡愛荘町安孫子 825 愛荘町役場秦荘庁舎	0749-37-8051
豊郷町観光協会	犬上郡豊郷町石畑 375 豊郷町役場	0749-35-8114
甲良町観光協会	犬上郡甲良町在士 353-1 甲良町役場	0749-38-5069
(社)多賀観光協会	犬上郡多賀町多賀 389-1	0749-48-1553
(社)近江八幡観光物産協会	近江八幡市為心町元 9 白雲館	0748-32-7003
安土町観光協会	近江八幡市安土町小中 700	0748-46-7049
東近江市観光協会	東近江市五個荘塚本町 279	0748-48-2100
日野観光協会	蒲生郡日野町村井 1284	0748-52-6577
竜王町観光協会	蒲生郡竜王町小口 3 竜王町役場	0748-58-3715
甲賀市観光協会	甲賀市甲南町野田 810 甲賀市役所甲南庁舎	0748-60-2690
信楽町観光協会	甲賀市長野 1142 信楽伝統産業会館	0748-82-2345
湖南市観光物産協会	湖南市中央 1-1 湖南市役所東庁舎	0748-71-2157
野洲市観光物産協会	野洲市小篠原 2100-1 野洲市役所	077-587-3710
栗東市観光物産協会	栗東市安養寺 1-13-33 栗東市役所	077-551-0126
守山市観光物産協会	守山市吉身 2-5-22 守山市役所	077-582-1266
草津市観光物産協会	草津市草津 3-13-30 草津市役所	077-566-3219

鉄道・バス会社

名称	所在地	TEL
近江鉄道株式会社 鉄道部	彦根市古沢町 181 近江鉄道ビル	0749-22-3303
近江鉄道株式会社 自動車部（路線バス）	彦根市古沢町 181 近江鉄道ビル	0749-22-3306
湖国バス株式会社	彦根市古沢町 181 近江鉄道ビル	0749-22-1210
京阪電気鉄道株式会社 大津鉄道事業部	大津市錦織 2 丁目 7-16	077-522-4521
比叡山鉄道株式会社（坂本ケーブル）	大津市坂本本町 4244	077-578-0531
江若交通株式会社	大津市真野 1-1-62	077-573-2701
株式会社余呉バス	長浜市余呉町中之郷 956-2	0749-86-8066
帝産湖南交通株式会社	草津市山寺町 188	077-562-3020
滋賀バス株式会社	甲賀市水口町綾野 1-1	0748-62-7011
奥比叡参詣自動車道株式会社	大津市坂本本町 4220	077-578-2139

(平成23年1月現在)

びわ湖百八霊場一覧表

近江湖西二十七名刹霊場

札所番号	湖西札所番号	寺院名	所在地	電話番号
第 一 番	湖 西 第 一 番	石山寺	大津市石山寺1丁目1-1	077-537-0013
第 二 番	湖 西 第 二 番	正法寺(岩間寺)	大津市石山内畑町82	077-534-2412
第 三 番	湖 西 第 三 番	龍音寺	大津市大石龍門3丁目1-10	077-546-0382
第 四 番	湖 西 第 四 番	西徳寺	大津市大江2丁目28-41	077-543-0216
第 五 番	湖 西 第 五 番	近松寺	大津市逢坂2丁目11-8	077-522-0411
第 六 番	湖 西 第 六 番	三井寺(園城寺)	大津市園城寺町246	077-522-2238
第 七 番	湖 西 第 七 番	盛安寺	大津市坂本1丁目17-1	077-578-2002
第 八 番	湖 西 第 八 番	生源寺	大津市坂本6丁目1-17	077-578-0205
第 九 番	湖 西 第 九 番	滋賀院門跡	大津市坂本4丁目6-1	077-578-0130
第 十 番	湖 西 第 十 番	律院	大津市坂本5丁目24-13	077-578-0094
第十一番	湖西第十一番	西教寺	大津市坂本5丁目13-1	077-578-0013
第十二番	湖西第十二番	聖衆来迎寺	大津市比叡辻2丁目4-17	077-578-0222
第十三番	湖西第十三番	法光寺	大津市苗鹿2丁目7-11	077-578-0391
第十四番	湖西第十四番	安養院	大津市千野2丁目7-12	077-578-1411
第十五番	湖西第十五番	眞迎寺	大津市仰木2丁目7-10	077-572-0185
第十六番	湖西第十六番	東光寺	大津市仰木5丁目13-52	077-572-1577
第十七番	湖西第十七番	満月寺浮御堂	大津市本堅田1丁目16-18	077-572-0455
第十八番	湖西第十八番	葛川息障明王院	大津市葛川坊村町155	077-599-2372
第十九番	湖西第十九番	大善寺	高島市勝野2152	0740-36-0748
第二十番	湖西第二十番	大清寺	高島市武曽横山1745	0740-37-0049
第二十一番	湖西第二十一番	玉泉寺	高島市安曇川町田中3459	0740-32-0791
第二十二番	湖西第二十二番	来迎寺	高島市安曇川町西万木139	0740-32-0346
第二十三番	湖西第二十三番	報恩寺	高島市新旭町饗庭637	0740-25-3609
第二十四番	湖西第二十四番	覚伝寺	高島市新旭町饗庭2369	0740-25-2217
第二十五番	湖西第二十五番	大崎寺	高島市マキノ町海津128	0740-28-1215
第二十六番	湖西第二十六番	正行院	高島市マキノ町海津475	0740-28-0535
第 百 八 番(結願)	湖西第二十七番	延暦寺横川中堂	大津市坂本本町4220	077-578-0830

近江湖西二十七名刹霊場会事務局　大津市坂本5丁目13-1 西教寺　077-578-0013

近江湖北二十七名刹霊場

札所番号	湖北札所番号	寺院名	所在地	電話番号
第二十七番	湖 北 第 一 番	菅山寺	長浜市余呉町坂口	0749-86-2451
第二十八番	湖 北 第 二 番	全長寺	長浜市余呉町池原 885	0749-86-2001
第二十九番	湖 北 第 三 番	洞壽院	長浜市余呉町菅並 492	0749-86-2501
第 三 十 番	湖 北 第 四 番	鶏足寺	長浜市木之本町古橋（己高閣）	0749-82-2784
第三十一番	湖 北 第 五 番	石道寺	長浜市木之本町石道	0749-82-3730
第三十二番	湖 北 第 六 番	腹帯観音堂	長浜市西浅井町大浦	0749-89-0727
第三十三番	湖 北 第 七 番	阿弥陀寺	長浜市西浅井町菅浦	0749-89-1086
第三十四番	湖 北 第 八 番	長尾寺（惣持寺）	米原市大久保 1138	0749-58-1141
第三十五番	湖 北 第 九 番	西野薬師堂	長浜市高月町西野 1791	0749-85-3767
第三十六番	湖 北 第 十 番	徳勝寺	長浜市平方町 872	0749-62-5774
第三十七番	湖北第十一番	小谷寺	長浜市湖北町伊部 329	0749-78-0257
第三十八番	湖北第十二番	孤篷庵	長浜市上野町 135	0749-74-2116
第三十九番	湖北第十三番	大吉寺	長浜市野瀬町 217	0749-76-1051
第 四 十 番	湖北第十四番	醍醐寺	長浜市醍醐町 205	0749-74-1776
第四十一番	湖北第十五番	神照寺	長浜市新庄寺町 323	0749-62-1629
第四十二番	湖北第十六番	安楽寺	長浜市細江町 105	0749-72-2381
第四十三番	湖北第十七番	知善院	長浜市元浜町 29-10	0749-62-5358
第四十四番	湖北第十八番	宝厳寺	長浜市早崎町 1664	0749-63-4410
第四十五番	湖北第十九番	良疇寺	長浜市下坂浜町 86	0749-62-1770
第四十六番	湖北第二十番	総持寺	長浜市宮司町 708	0749-62-2543
第四十七番	湖北第二十一番	観音寺	米原市朝日 1342	0749-55-1340
第四十八番	湖北第二十二番	悉地院	米原市上野 1	0749-58-0531
第四十九番	湖北第二十三番	徳源院	米原市清滝 288	0749-57-0047
第 五 十 番	湖北第二十四番	松尾寺	米原市上丹生 2054 醒井楼	0749-54-0120
第五十一番	湖北第二十五番	蓮華寺	米原市番場 511	0749-54-0980
第五十二番	湖北第二十六番	西圓寺	米原市西円寺 661	0749-52-5168
第五十三番	湖北第二十七番	青岸寺	米原市米原 669	0749-52-0463

近江湖北二十七名刹霊場会事務局　長浜市下坂浜町 86 良疇寺　0749-62-1770

近江湖東二十七名刹霊場

札所番号	湖東札所番号	寺院名	所在地	電話番号
第五十四番	湖 東 第 一 番	長寿院	彦根市古沢町 1139	0749-22-2617
第五十五番	湖 東 第 二 番	龍潭寺	彦根市古沢町 1104	0749-22-2777
第五十六番	湖 東 第 三 番	清凉寺	彦根市古沢町 1100	0749-22-2776
第五十七番	湖 東 第 四 番	長久寺	彦根市後三条町 59	0749-22-0914
第五十八番	湖 東 第 五 番	北野寺	彦根市馬場 1 丁目 3-7	0749-22-5630
第五十九番	湖 東 第 六 番	天寧寺	彦根市里根町 232	0749-22-5313
第 六 十 番	湖 東 第 七 番	高源寺	犬上郡多賀町楢崎 374	0749-49-0821
第六十一番	湖 東 第 八 番	西明寺	犬上郡甲良町池寺 26	0749-38-4008
第六十二番	湖 東 第 九 番	大覚寺	東近江市大覚寺町 709	0749-46-0309
第六十三番	湖 東 第 十 番	金剛輪寺	愛知郡愛荘町松尾寺 874	0749-37-3211
第六十四番	湖東第十一番	百済寺	東近江市百済寺町 323	0749-46-1036
第六十五番	湖東第十二番	長壽寺	東近江市池之脇町 420	0748-27-1577
第六十六番	湖東第十三番	安楽寺	東近江市能登川町 986	0748-42-3506
第六十七番	湖東第十四番	千樹寺	犬上郡豊郷町下枝 111	0749-35-3247
第六十八番	湖東第十五番	善勝寺	東近江市佐野町 909	0748-42-5121
第六十九番	湖東第十六番	石馬寺	東近江市五個荘石馬寺町 823	0748-48-4823
第 七 十 番	湖東第十七番	観音正寺	近江八幡市安土町石寺 2	0748-46-2549
第七十一番	湖東第十八番	桑實寺	近江八幡市安土町桑実寺 292	0748-46-2560
第七十二番	湖東第十九番	長命寺	近江八幡市長命寺町 157	0748-33-0031
第七十三番	湖東第二十番	瑞龍寺門跡	近江八幡市宮内町 19-9	0748-32-3323
第七十四番	湖東第二十一番	願成就寺	近江八幡市小船木町 73-1	0748-33-4367
第七十五番	湖東第二十二番	長光寺	近江八幡市長光寺町 694	0748-37-7743
第七十六番	湖東第二十三番	弘誓寺	東近江市建部下野町 282	0748-22-0644
第七十七番	湖東第二十四番	願成寺	東近江市川合町 950	0748-55-0155
第七十八番	湖東第二十五番	龍王寺（雪野寺）	蒲生郡竜王町川守 41	0748-57-1166
第七十九番	湖東第二十六番	石塔寺	東近江市石塔町 860	0748-55-0213
第 八 十 番	湖東第二十七番	正明寺	蒲生郡日野町松尾 556	0748-52-0227

近江湖東二十七名刹霊場会事務局　彦根市古沢町 1139 長寿院　0749-22-2617

近江湖南二十七名刹霊場

札所番号	湖南札所番号	寺院名	所在地	電話番号
第八十一番	湖南第一番	願隆寺	甲賀市水口町松尾 1290	0748-62-2777
第八十二番	湖南第二番	大池寺	甲賀市水口町名坂 1168	0748-62-0396
第八十三番	湖南第三番	大徳寺	甲賀市水口町本町 3 丁目 3-46	0748-62-0077
第八十四番	湖南第四番	檜尾寺	甲賀市甲南町池田 43	0748-86-3765
第八十五番	湖南第五番	櫟野寺	甲賀市甲賀町櫟野 1377	0748-88-3890
第八十六番	湖南第六番	龍福寺	甲賀市甲賀町滝 856	0748-88-3593
第八十七番	湖南第七番	正福寺	甲賀市甲南町杉谷 2928	0748-86-2879
第八十八番	湖南第八番	玉桂寺	甲賀市信楽町勅旨 891	0748-83-0716
第八十九番	湖南第九番	園養寺	湖南市三雲 11	0748-72-0059
第九十番	湖南第十番	妙感寺	湖南市三雲 1758	0748-72-7640
第九十一番	湖南第十一番	観音寺	湖南市夏見 1753	0748-72-3277
第九十二番	湖南第十二番	南照寺	湖南市平松 264	0748-72-0950
第九十三番	湖南第十三番	善水寺	湖南市岩根 3518	0748-72-3730
第九十四番	湖南第十四番	正福寺	湖南市正福寺 409	0748-72-0126
第九十五番	湖南第十五番	常楽寺	湖南市西寺 6 丁目 5-1	0748-77-3089
第九十六番	湖南第十六番	阿弥陀寺	栗東市東坂 506	077-558-0025
第九十七番	湖南第十七番	金胎寺	栗東市荒張 398	077-558-1568
第九十八番	湖南第十八番	敬恩寺	栗東市荒張 687	077-558-0883
第九十九番	湖南第十九番	新善光寺	栗東市林 256	077-552-0075
第百番	湖南第二十番	西方寺	草津市青地町 1146	077-564-2277
第百一番	湖南第二十一番	教善寺	草津市野路 6 丁目 8-8	077-562-1685
第百二番	湖南第二十二番	正楽寺	栗東市霊仙寺 6-3-1	077-554-9548
第百三番	湖南第二十三番	東門院	守山市守山 2 丁目 2-46	077-582-2193
第百四番	湖南第二十四番	宗泉寺	野洲市妙光寺 234	077-587-1298
第百五番	湖南第二十五番	圓光寺	野洲市久野部 266	077-587-0172
第百六番	湖南第二十六番	東光寺	守山市幸津川町 1189	077-585-2222
第百七番	湖南第二十七番	福林寺	守山市木浜町 2011	077-585-1205

近江湖南二十七名刹霊場会事務局　栗東市林 256 新善光寺　077-552-0075

索引

あとがき

滋賀県は、地形的にほぼ真中に琵琶湖の存在、それをとり囲む美しい山なみ、そして東日本と西日本を結ぶ交通の要所にあたる。それらの諸条件によって滋賀県は、日本の中でも比較的早くに開け、豊かな歴史や文化が醸成されてきたところである。

一方、滋賀県は「仏の国」といわれるほど県内に数多くの寺院、そして貴重な文化財が散在している。ちなみにその寺院数は、人口十万人あたり二八八・五ヵ寺を数え、滋賀県は全国で最も多い寺院数を誇る。

さらに、寺院の開基伝承も近江の歴史を反映して、奈良時代からはじまり、平安・鎌倉・室町・江戸の各時代まで多岐にわたる。いずれの寺院も、かつては特色のある仏教文化圏を形成し、現在でも各地域の文化的拠点として、その機能を発揮している。

平成二十一年（二〇〇九）に「びわ湖百八霊場会」が結成され、その巡拝案内書が初めて淡交社から発刊されることになった。各霊場は、豊かな寺歴を有し、すぐれた仏教文化の礎を形成する由緒ある寺院が数多く含まれている。各霊場ごとの概観部分の執筆を六人が分担した。それぞれの霊場とも寺歴が多く、限られた紙幅で十分に網羅できなかったところが多くあったかと思う。本書が少しでも、霊場巡拝の手引きになれば幸いである。なお、編集で格別にお世話になった淡交社の安井善徳氏にお礼を申し上げたい。

平成二十三年一月

成安造形大学附属近江学研究所所長　木村 至宏

■執筆者略歴

木村《きむら》 至宏《よしひろ》

1935年、滋賀県生まれ。成安造形大学附属近江学研究所所長。同大学名誉教授。大谷大学大学院文学研究科中退。専攻は日本文化史。大津歴史博物館初代館長。成安造形大学教授を経て、同大学長もつとめる。主な著書に『図説近江古寺紀行』(河出書房新社)、『日本歴史地名大系 滋賀県の地名』(平凡社・共編著)、『琵琶湖 その呼称の由来』(サンライズ出版)など。

髙梨《たかなし》 純次《じゅんじ》

1953年、京都府生まれ。滋賀県立近代美術館学芸課長。同志社大学大学院文学研究科博士前期課程修了。専攻は日本美術史。滋賀県立琵琶湖文化館、滋賀県立近代美術館開設準備室を経て現職。主な著書に『近江の祈りと美』(サンライズ出版)、『仏像集成4 日本の仏像 滋賀』(学生社・共著)、『近江路散歩24コース』(山川出版社・共著)など。

八杉《やすぎ》 淳《じゅん》

1959年、兵庫県生まれ。草津市立草津宿街道交流館館長。佛教大学大学院文学研究科修了。専攻は日本近世交通史・地域文化史。主な著書に『近江の宿場町』(サンライズ出版)、『宿場春秋―近江の国・草津宿史話』(角川書店・共著)、『近江東海道を歩く』(サンライズ出版)、『図説 近江の街道』(郷土出版社・共著)など。

米田《よねだ》 実《みのる》

1959年、滋賀県生まれ。国立歴史民俗博物館共同研究員。立命館大学卒業。専攻は日本民俗学。主な著書に『京都・滋賀 かくれ里を行く』(淡交社・共著)、『日本歴史地名大系 滋賀県の地名』(平凡社・共著)、『都市の祭礼―山・鉾・屋台と囃子―』(岩田書院・共著)など。

佐々木《ささき》 悦也《えつや》

1960年、宮城県生まれ。長浜市立高月観音の里歴史民俗資料館副参事(学芸員)。大谷大学文学部卒業。滋賀県美術工芸品実態調査員、近江先覚者関係資料調査員などを歴任。主な著書に『近江歴史回廊 近江観音の道』(サンライズ出版・共著)、『京都・滋賀 かくれ里を行く』(淡交社・共著)、『宗家記録と朝鮮通信使』(朝日新聞社・共著)、『江戸時代 人づくり風土記25 滋賀』(農文協・共著)など。

山本《やまもと》 晃子《あきこ》

1970年、滋賀県生まれ。高島市教育委員会社会教育課。佛教大学大学院修士課程(佛教文化専攻)修了。専攻は日本仏教史。主な著書に『今津町史』一〜四巻(今津町・分担執筆)、『近江の峠道 その歴史と文化』(サンライズ出版・共著)、『京都・滋賀 かくれ里を行く』(淡交社・共著)など。

■写真家略歴 (口絵写真)

寿福《じゅふく》 滋《しげる》

1953年、兵庫県生まれ。関西を中心に美術・文化財写真を専門に撮影。また、滋賀県の風景写真撮影も多数こなしている。他方、アウシュビッツを訪れて以来十余年、ライフワークとして命のビザを手にしたユダヤ人の旅路を取材している。主な著書に『杉原千畝と命のビザ』(サンライズ出版)、『京都・滋賀 かくれ里を行く』(淡交社・写真)、『近江の祈りと美』(サンライズ出版・写真)など。

本文写真 **滋賀県**(P.27、34、35、37、45、53、63、64、66、68、72、74、75、80、82、88、90、101、105、106、109、110、112、115、117、119、120、125、134、136、138、142、144、156、158)
社団法人びわこビジターズビューロー(P.26、28、29、36、38、39、44、48、52、54、55、62、65、67、70、76、78、81、83、86、98、127、137、145、148、150、162)
淡交社編集局(P.16、17、19、30〜33、40〜43、46、47、49〜51、69、71、73、77、79、84、85、89、91、99、100、102〜104、108、111、113、114、116、118、121〜124、126、135、139、140、141、143、146、147、149、151〜155、159〜161)
松尾寺(P.87) **西明寺**(P.107) **正楽寺**(P.157)

近江湖西・湖北・湖東・湖南二十七名刹

びわ湖百八霊場 公式ガイドブック

平成二十三年三月十四日　初版発行

監　修　木村 至宏

協　力　びわ湖百八霊場会

発行者　納屋 嘉人

発行所　株式会社 淡交社

本社　京都市北区堀川通鞍馬口上ル

営業（075）432-5151

編集（075）432-5161

支社　東京都新宿区市谷柳町39-1

営業（03）5269-7941

編集（03）5269-1691

http://www.tankosha.co.jp

印刷・製本　図書印刷株式会社

ISBN978-4-473-03698-8

本書の地図の作成に当たっては、国土地理院長の承認を得て、同院発行の数値地図25000（空間データ基盤）及び基盤地図情報を使用した。（承認番号 平22業使、第475号）

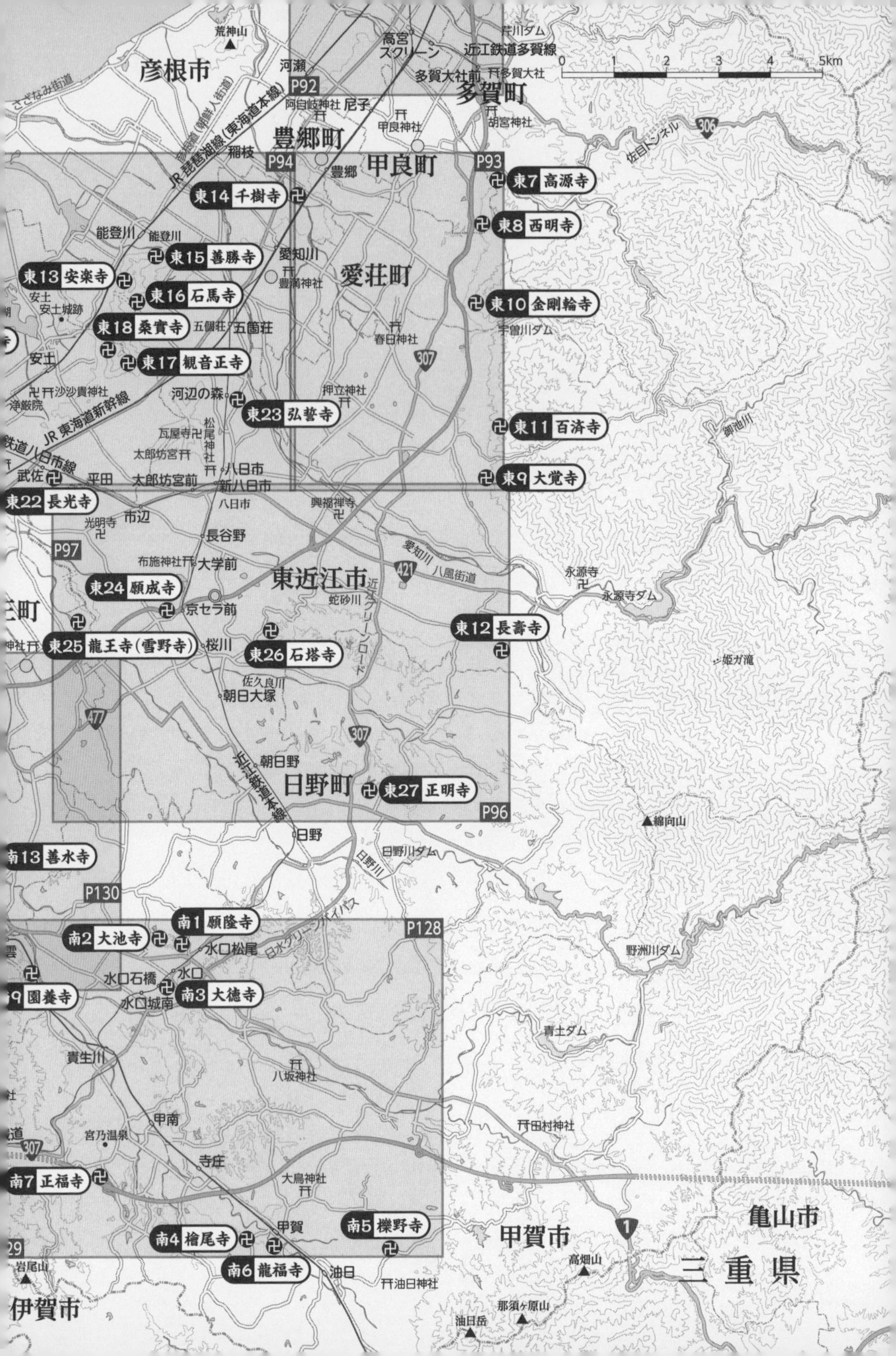

荒神山
彦根市
さざなみ街道
河瀬
高宮
スクリーン
芹川ダム
近江鉄道多賀線
0 1 2 3 4 5km
多賀大社前
多賀大社
多賀町
P92
阿自岐神社
尼子
甲良神社
胡宮神社
佐目トンネル
306
JR琵琶湖線(東海道本線)
彦根道(朝鮮人街道)
豊郷町
稲枝
P94
甲良町
P93
豊郷
東7 高源寺
東14 千樹寺
東8 西明寺
能登川
能登川
東15 善勝寺
愛知川
東13 安楽寺
豊満神社
愛荘町
安土
安土城跡
東16 石馬寺
東10 金剛輪寺
東18 桑實寺
五個荘
五箇荘
宇曽川ダム
春日神社
安土
東17 観音正寺
307
沙沙貴神社
押立神社
浄厳院
河辺の森
JR東海道新幹線
東23 弘誓寺
東11 百済寺
御池川
瓦屋寺
松尾神社
近江鉄道八日市線
太郎坊宮
八日市
東9 大覚寺
武佐
平田
太郎坊宮前
新八日市
東22 長光寺
八日市
興福禅寺
市辺
光明寺
長谷野
P97
布施神社
大学前
愛知川
421
八風街道
永源寺
東近江市
東24 願成寺
永源寺ダム
蛇砂川
京セラ前
近江グリーンロード
東12 長壽寺
神社
東25 龍王寺(雪野寺)
桜川
東26 石塔寺
姫ガ滝
佐久良川
朝日大塚
477
307
朝日野
近江鉄道本線
日野町
東27 正明寺
P96
綿向山
日野
日野川ダム
南13 善水寺
日野川
P130
日永グリーンバイパス
南1 願隆寺
P128
南2 大池寺
水口松尾
水口石橋
水口
南3 大徳寺
野洲川ダム
園養寺
水口城南
青土ダム
貴生川
八坂神社
甲南
宮乃温泉
田村神社
307
寺庄
南7 正福寺
大鳥神社
南5 櫟野寺
亀山市
甲賀
南4 檜尾寺
甲賀市
1
岩尾山
南6 龍福寺
油日
油日神社
高畑山
三重県
伊賀市
那須ヶ原山
油日岳